MONIKA HORSKY (Hg.)
MAN MUSS DARÜBER REDEN
Schüler fragen KZ-Häftlinge

W0235656

Dokumente · Berichte · Analysen 2

Herausgegeben von Franz Richard Reiter

MONIKA HORSKY (Hg.)

Man muß darüber reden

Schüler fragen KZ-Häftlinge

EPHELANT VERLAG

Die Drucklegung erfolgte mit freundlicher Unterstützung
des Bundesministeriums für Inneres

Umschlagphoto: Ina Peichl
Druck: Novographic, Wien
ISBN 3-900766-01-0

Inhalt

Vorwort 7

Hermann Langbein
  Sucht euch nicht den leichteren Weg 11

Fritz Kleinmann
  Über Nacht waren wir nicht „rassenrein" 43

Ella Lingens
  Das Versprechen 72

Ferdinand Berger
  Das Schlimmste: absolute Rechtlosigkeit 98

Anni und Heinrich Sussmann
  Macht's den Mund auf und red's 130

Hilde Zimmermann
  Sich die Menschenwürde nicht nehmen lassen 183

Biographien 208

Leopold Rettinger
  Begleitwort 211

Dank 214

Vorwort

Was ist während des Naziregimes wirklich geschehen? Wie war das „Leben" im Konzentrationslager? Wie waren die Massenmorde in den KZs und Vernichtungslagern möglich? Diese und ähnliche Fragen werden heute immer häufiger und lauter gestellt. Sie zeigen das Bedürfnis, ein klares Bild von den Geschehnissen in jener Zeit zu erhalten.

Seit zehn Jahren besteht die Möglichkeit, Österreicherinnen und Österreicher, die zwischen 1938 und 1945 in Konzentrationslagern inhaftiert waren, an die Schulen im gesamten Bundesgebiet einzuladen. Sie stehen den Schülern Rede und Antwort. Wer diese Gespräche erlebte, hat erfahren, welch großen Eindruck sie auf die jungen Menschen machen.

Was liegt näher, als die Aussagen der Zeitzeugen und ihre Antworten auf Fragen der Schüler schriftlich festzuhalten? Ich wollte erreichen, daß diese authentischen Zeugnisse jetzt jedermann zugänglich sind und daß sie auch zukünftigen Generationen erhalten bleiben. Freilich kann die Gesprächssituation, in der jeder spontan seine Fragen stellt, nicht völlig ersetzt werden. Damit möglichst viel von der Unmittelbarkeit und Lebendigkeit erhalten bleibt, ist der Charakter des gesprochenen Wortes weitgehend beibehalten.

Zur Entstehung dieses Buches: Ich habe in den Jahren 1985 und 1986 (vor den hitzigen Auseinandersetzungen im Zuge des Präsidentschaftswahlkampfs) Gespräche in mehr als 50 Schulklassen an Hauptschulen, Polytechnischen Lehrgängen, Berufsschulen und Allgemeinbildenden Höheren Schulen verfolgt. Es war klar, daß eine Methode gewählt werden mußte, die nicht in die Gespräche eingreift, die nicht die Reden der ehemaligen KZ-Häftlinge, nicht die Fragen der Schüler und nicht die Antworten stört. Die lebendige Situation hatte vor der Dokumentation Priorität. So wählte ich die Vorgangsweise, daß sich die Vortragenden ein kaum sichtbares Mikrophon ansteckten. Ich glaube, daß ich selbst nicht störte, da die Schüler ohnedies mit einer Ausnahmesituation – schulfremde Personen, Status der Vortragenden als Widerstandskämpfer und KZ-Häftlinge – konfrontiert waren. Oft war auch ein Zeithistoriker der Universität anwesend, der einleitende Worte sprach und allgemeingeschichtliche Fragen beantwortete. Ich hoffe, daß es mir gelungen ist, ein unverfälschtes Bild zu dokumentieren.

Um nicht der Zufälligkeit des jeweiligen Wissensstandes und der Fragelustigkeit der Schüler, aber auch der Dispoertheit der Vortragenden ausgeliefert zu sein, begleitete ich jeden Zeitzeugen in der Regel bei fünf Unterrichtseinheiten, die unterschiedlich lang, zwischen zwei und vier Stunden, gedauert haben. Um sicher zu gehen, daß mir kein Fehler unterlaufen ist und daß durch den Wegfall von Mimik, Gestik und Tonfall mißverständliche Darstellungsweisen vermieden werden, habe ich die Zeitzeugen ersucht, ihre Beiträge durchzulesen und, wenn nötig, zu redigieren, sodaß nun von ihnen autorisierte Dokumente vorliegen.

Die einzelnen Beiträge sind jeweils unter dem Gesichtspunkt zusammengestellt, daß sie Gespräche mit einem Zeitzeugen wiedergeben. Manche sind gekürzt, um Überdeckungen weitgehend zu vermeiden. Allgemeine Darstellungen über die nationalsozialistische Ideologie, über das System der Konzentrationslager und seine Veränderungen im Laufe der Zeit finden sich insbesondere im ersten Beitrag.

Die Darstellungen der Zeitzeugen haben zwar als Grundlage, daß alle Häftlinge in Konzentrationslagern waren, aber dennoch gibt jedes Kapitel ein neues Bild. Das hat viele Gründe. Hier nur einige, die in den Beiträgen angesprochen werden: Beispielsweise unterschieden sich die Verhältnisse im KZ Auschwitz von jenen im KZ Dachau sehr stark. Auschwitz war das größte Konzentrationslager und das größte Vernichtungslager, dort konzentrierte sich die Ermordung der Juden. Dachau war das älteste Lager, das noch relativ „gute" Überlebenschancen bot. Eine große Rolle für die Unterschiede spielte auch der Zeitpunkt der Deportation. Die Verhältnisse änderten sich im Laufe der Jahre. Zwei markante Einschnitte sind die Verwendung der Häftlinge als Arbeitssklaven, vorwiegend für die Kriegsindustrie, und die sich abzeichnende Niederlage für die Nazis, die teils zur Lockerung, teils zur Verschärfung der Repressionen führte. Große Unterschiede machten die individuellen Lebensbedingungen im Lager: Art der Arbeit, Funktion im Lager, Kontakt zu einer Lagerwiderstandsbewegung. Außerdem resultieren aus der je persönlichen Lebensgeschichte und der je persönlichen Einstellung zwangsläufig andere Blickwinkel.

Monika Horsky

Hermann Langbein
Sucht euch nicht den leichteren Weg

Morgen feiern wir den Nationalfeiertag. Dieser Tag soll nicht nur Fitmärschen dienen, sondern auch dazu, sich zu erinnern, was es bedeutet, daß wir in einem freien Land leben, in einer Demokratie, in einem Land, das hinter sich gelassen hat, was meine Generation, als wir jung waren, erleben mußte. Die Zeit, als ich gerade die Schule verlassen hatte, war dadurch geprägt, daß in Deutschland die Nationalsozialisten herrschten. Es war eine böse Zeit!

Ihr werdet sicher schon in der Schule gelernt haben, daß die Nationalsozialisten 1938 Österreich besetzten. Man darf nicht verschweigen, daß viele Leute, auch Österreicher, von dieser Partei und ihrem „Führer", wie er sich nannte, von Hitler, begeistert waren. Sie hofften: Jetzt wird es vorwärts gehen. Statt dessen wurde ein Regime errichtet, in dem all das, was uns heute selbstverständlich ist, fehlte: die Möglichkeit, in Opposition zu sein, die Möglichkeit, überhaupt sich frei zu äußern, ja selbst, ohne Reglementierung zu lesen, zu lehren, zu lernen. Alles, was uns die Demokratie garantiert, war ausgeschaltet. Es war eine Diktatur, in der alles genau nach Vorschriften ausgerichtet und jede Abweichung streng bestraft wurde.

Als Grundlage dieses Regimes diente eine Ideologie, die sich bereits in der zweiten Hälfte des vorigen Jahrhunderts entwickelt hatte. Kurz zusammengefaßt, behauptet sie: In der Natur gibt es einen ständigen Kampf ums Dasein, der Stärkere siegt, der Schwächere unterliegt und das ist das Gesetz, dem folgend sich Pflanzen- und Tierwelt in der Weltgeschichte entwikkelt hat. Bald gab es Leute, die diese Anschauung auf die menschliche Gesellschaft übertrugen. Sie behaupteten: Es gibt Menschen, die höherwertiger als andere sind und das auf Grund ihrer Abstammung, ihres Blutes, also nicht aus geschichtlichen Gründen, sondern aus unveränderlichen Gründen, die in der Natur liegen.

Für diese Kategorisierung von Menschen benützte man das Etikett „Rasse" und tat sehr wissenschaftlich, obwohl das wissenschaftlich nicht haltbar ist. Das Idealbild, das die Nationasozialisten anbeteten, war der „nordische Mensch", der „Arier", wie man es nannte – ebenfalls ein völlig unwissenschaftlicher Begriff –, der blonde Germane mit blauen Augen und starken Muskeln usw. Einige von euch haben sicher den Film Rambo gesehen, nicht wahr? Darin klingt dieselbe Tendenz an.

Eine Schlußfolgerung aus der Annahme, daß es von Natur aus und unabänderlich höherwertige und minderwertige Menschen gibt, ist, daß die höherwertigen die minderwertigen beherrschen und die minderwertigen den höherwertigen zu dienen haben; schließlich, daß die höherwertigen „Rassen" nicht nur das Recht, sondern sogar die Pflicht haben, die minderwertigen zu beherrschen; schließlich auch, daß man den minderwertigen „Rassen" alles wegnehmen darf, so auch ihr Land, ja selbst ihr Leben.

Tatsächlich richtete Hitler seine ganze Politik, als er 1933 Reichskanzler in Deutschland wurde, nach diesen Grundsätzen aus. Das heißt, er bereitete Kriege vor, um andere, angeblich minderwertige Völker zu besiegen, sie zu unterjochen und ihnen ihr Land zu rauben, damit sich dort dann die „bessere Menschenrasse" breitmachen kann. Hitler bereitete einen Eroberungskrieg vor und führte ihn auch.

Ihr werdet aus eurer eigenen Familie erfahren haben, daß es Großeltern gab, die gefallen sind, die verwundet worden sind, daß bei Bombardierungen Menschen umgekommen sind, daß es Millionen und Abermillionen Tote gegeben hat. All das Elend ist die Folge dieser „Herrenmenschen-Ideologie". Dabei kann man dieses Elend nicht einmal zahlenmäßig vollständig erfassen. Aber man weiß, daß der Zweite Weltkrieg mindestens 55 Millionen Tote mit sich brachte, nicht nur an der Front, auch im Hinterland durch Bombardements, und viele, viele in den Konzentrationslagern.

Ich weiß nicht, ob ihr schon gehört habt, daß der Nationalsozialismus auch Vernichtungsanstalten eingerichtet hatte, in denen er nicht seine Feinde oder vermeintlichen Feinde, sondern Menschen, denen er einfach die Lebensberechtigung absprach, mit Giftgas ermordete – nicht als Teil des Krieges, sondern im Schatten des Krieges. Es ist viel zu wenig bekannt, daß die ersten Massenmordaktionen, die Hitler befohlen hatte, sich weder gegen Juden noch gegen Zigeuner richteten, sondern gegen Menschen, die wir heute als Behinderte bezeichnen. Wer ein körperliches Gebrechen hatte – in jungen Jahren oder infolge seines fortgeschrittenen Alters – oder wer geistig nicht ganz der Norm entsprach, sollte verschwinden. Das alles aus dem ganz bösen Gedanken: „Wir wollen eine hochgezüchtete, reine Rasse. Wer unseren Vorstellungen nicht entspricht, muß weg."

Ich bin nicht sicher, ob sich das heute ein junger Mensch überhaupt vorstellen kann. Da wurden die Heilanstalten, die Spitäler und alle anderen Institutionen, in denen die Menschen waren, die ärztlicher Hilfe bedurften, inspiziert und jene aussortiert, denen man als „Minderwertige" das Lebensrecht absprach. Die

13

Ausgesonderten wurden in „Heilanstalten", wie man zynisch sagte, verlegt. Davon gab es sechs; eine auch in Österreich, das damals zu Deutschland zählte, in Schloß Hartheim bei Linz. Dort wurden die Menschen mit Giftgas getötet, und ihre Angehörigen erhielten einen Brief: „Ihr Sohn/Ihre Tochter mußte aus den und den Gründen verlegt werden, ist leider an einer Lungenentzündung (oder irgendeinem anderen fingierten Leiden) erkrankt. Trotz aufopfernder medikamentöser Pflege konnte der Zustand nicht verbessert werden. Schließlich ist Ihr Kind gestorben. Aus seuchenhygienischen Gründen wurde die Leiche eingeäschert. Sie können die Asche gegen den Erlag von soundso viel Reichsmark beziehen." Das war einer der vielen Täuschungsversuche des Regimes. Man wollte nicht nur die Verwandten, sondern auch die Umgebung der Massenmordstätten täuschen, aber die Tarnung gelang nicht.

Nehmen wir das Schloß Hartheim her. Es liegt mitten im bewohnten Gebiet. Die Asche aus dem Krematorium, in dem die Leichen verbrannt wurden, führte man zur nahen Donau, um sie hineinzuleeren. Da die Straßen dorthin nicht sehr gut waren, verlor der Lastwagen hie und da etwas von seiner Ladung. Es fiel nicht nur Asche heraus, sondern auch Splitter von Menschenknochen, die von Bauern gefunden wurden.

Das Geheimnis blieb nicht geheim! Die Bevölkerung merkte, daß hier etwas Unheimliches vor sich ging. Der SS, die diese Morde ausführte, wurde befohlen, darüber nicht zu reden. Aber wenn man im Wirtshaus getrunken hat, dann hält man sich nicht immer an solche Anweisungen. Kurzum, das ganze wurde bekannt und es kam zu Protesten, vor allem von Seite der Katholischen und der Evangelischen Kirche. Hitler befahl im August 1941, diese Aktion zu stoppen.

Es sprach nicht von beenden, sondern von stoppen. Sein Motiv war, diese „Aktion" dann weiterzuführen, wenn der „Siegfrieden" errungen wäre, denn während des Krieges wollte er keine Unruhe in der Bevölkerung. Bis zu diesem Augenblick sind, soweit wir das nachträglich feststellen konnten, über 70.000 Menschen auf diese Weise mit Giftgas in jenen sechs Anstalten ermordet worden.

Das Morden hatte damit aber kein Ende. Es wurden jetzt nicht mehr die sogenannten Behinderten ermordet, sondern Häftlinge aus den Konzentrationslagern, die nicht mehr arbeitsfähig zu sein schienen. Ihr werdet vielleicht schon gehört haben, daß Hitler von Beginn seiner Machtübernahme an Konzentrationslager eingerichtet hat, um einerseits Unbotmäßige gefangen und damit isoliert zu halten und andererseits Angst und Schrecken zu verbreiten: „Du kommst ins KZ, wenn du dir irgendetwas gegen das Regime zuschulden kommen läßt." – Das war die fast allgegenwärtige Drohung. Die offizielle Nazisprache verwendete als Abkürzung für Konzentrationslager KL. Im Volk hieß es aber KZ, das viel bedrohlicher klingt.

Terror gehörte ebenso zu den Machtmitteln des Regimes wie das Propagieren großer Versprechungen, wie der Gebrauch bestechender Phrasen und Ähnliches. Wenige Wochen nachdem am 30. Jänner 1933 Hitler Reichskanzler geworden war, richtete am 22. März 1933 das neue Regime das erste Konzentrationslager, das KZ Dachau bei München, ein. Dort waren zuerst nur Deutsche interniert.

Österreicher wurden ab April 1938 nach Dachau deportiert. In den ersten Tagen, nachdem Hitler in Österreich einmarschiert war, haben nicht nur Hunderttausende gejubelt, sondern es wurden auch sofort mehrere zehntausend Österreicher verhaftet und nicht wenige davon ins KZ deportiert, unter ihnen auch prominente Politiker. In den KZs herrschten schlimme Lebensbedingungen, was die Arbeit, die Ernährung, aber vor allem was die Behandlung betraf. Wer dort seine Arbeitskraft eingebüßt hatte, galt als unnützer Esser, der nun gleichfalls ermordet werden sollte. Ab Frühling 1941 kamen Ärztekommissionen in die KZs, die jene Häftlinge aussuchten, die nicht mehr arbeitsfähig zu sein schienen. Sie suchten sie auch in den Krankenbauten der Konzentrationslager. Ich war zu jener Zeit im KZ Dachau im Krankenbau als Häftlingsschreiber. Zu meinen Aufgaben zählte es, die Krankengeschichten zu schreiben, Fieberkurven zu zeichnen usw. Wir hatten dort einen jungen SS-Arzt, der Dr. Brachtl hieß und der sich in der Röntgendiagnostik qualifizieren wollte. Er gab den Befehl, daß jeder Häftling, der neu in den Krankenbau kommt, röntgenisiert wird. Da er mir die Befunde diktierte, war ein gewisser Kontakt zwischen uns hergestellt.

Eines Tages kam ein alter Häftling – Kreuzfuchs hieß er, ein Wiener Jude – in den Krankenbau. Juden hatten in den Konzentrationslagern stets die bösesten Lebensbedingungen, die schwersten Arbeiten. Dementsprechend war Kreuzfuchs körperlich sehr heruntergekommen. Wie ich erst später erfahren habe, war er ein berühmter Röntgenologe. In der Fachliteratur ist sein Name sogar durch den Begriff „Kreuzfuchseffekt" verewigt, wie ich später nachgelesen habe. Brachtl war der Name Kreuzfuchs bekannt. Irgendwie erfuhr er, daß dieser alte Mann, den er nun durchleuchtet hatte, der Kreuzfuchs war. Er gab Anweisung, ihn nicht aus dem Krankenbau zu entlassen, wenn er wiederhergestellt ist.

Nachdem Dr. Kreuzfuchs sich einigermaßen erholt

hatte, trug ihm Brachtl auf, für ihn eine wissenschaftliche Arbeit zu schreiben. Dr. Kreuzfuchs war natürlich begeistert. – Vorher hatte er mit Krampen und Schaufel im Freien arbeiten müssen, jetzt war er davon verschont, hatte Ruhe, konnte als Wissenschafter auf seinem Gebiet unter – für Dachauer Verhältnisse – günstigen Lebensbedingungen arbeiten. Sein Leben schien zumindest für einige Zeit gesichert.

Bald aber kam eine sogenannte „Invalidenkommission", also SS-Ärzte, die – so wie ich es euch vorhin geschildert habe – jene Häftlinge aussuchten, die nicht mehr arbeitsfähig schienen. Die Kranken selbst wurden nicht untersucht, die SS-Ärzte machten das sehr schnell: Sie gingen von Bett zu Bett und betrachteten die Fieberkurve, die dort angebracht war, wie es auch in richtigen Spitälern üblich ist. Darauf befanden sich unter anderem die Häftlingsnummer und die Haftart. Auf der Tafel von Dr. Kreuzfuchs war vermerkt „Schutzhaft, Jude". Bei der „Visitation" durch diese SS-Ärzte mußten jene Häftlinge, die nicht mehr im Bett zu liegen brauchten, neben dem Bett habt acht stehen, so auch Dr. Kreuzfuchs, denn er war ja schon gesund. Die SS-Ärzte der Kommission schauten Kreuzfuchs nicht einmal an. Ihr Kommentar war: „Jude, schon lange im Krankenbau." und seine Fieberkurve wurde – wie die vieler anderer auch – mitgenommen.

Alle jene Menschen, deren Fieberkurve eingesammelt worden waren, wurden einige Tage später in eine der Anstalten verlegt, von denen ich vorher gesprochen habe, und durch Giftgas ermordet. Man kündigte ihnen das nicht an, man täuschte sie, indem man von einem Invalidentransport sprach und vorspiegelte, sie kämen in ein anderes Lager, wo sie leichtere Arbeit zu verrichten hätten.

Wir wußten, was diese Menschen erwartete, denn es war nicht das erste Mal, daß solch ein Transport zusammengestellt wurde. Als ich Dr. Kreuzfuchs auf der Liste fand, dachte ich, ihm vielleicht helfen zu können und ging zu Brachtl. Ich meldete mich, wie sich ein Häftling zu melden hatte, also mit der Angabe meiner Nummer, die in Dachau 25 133 war, und sagte: „Kreuzfuchs ist auf der Liste für den Invalidentransport. Kann man ihn nicht streichen?" Brachtl wußte genau, daß mir bekannt war, was Invalidentransport bedeutete, und ich wußte genau, daß Brachtl natürlich ebenfalls Bescheid wußte. Brachtl blickte mich ruhig an und fragte: „Warum gönnen Sie dem Kreuzfuchs keine leichte Arbeit?" Kreuzfuchs kam nach Hartheim und wurde dort durch Giftgas getötet. Die Arbeit, die er für Brachtl zu machen hatte, war nämlich schon fertig gewesen. Brachtl hat ihn nicht mehr gebraucht.

Es gab vor vielen Jahren einen österreichischen Bundeskanzler namens Gorbach, ihr werdet es vielleicht nicht wissen, weil ihr so jung seid. Habt ihr schon einmal von ihm gehört? Gorbach war vor dem Einmarsch der Hitlertruppen in Österreich bei der Vaterländischen Front. Das war Grund genug, daß er nach Dachau deportiert wurde. – Es kamen ja auch führende Politiker des Ständestaates ins KZ.

Als wieder einmal ein „Invalidentransport" zusammengestellt wurde und alle Häftlinge antreten mußten, bemerkte die Kommission, daß Gorbach ein Holzbein hatte, daß er Invalide war. Er hatte sein Bein im Ersten Weltkrieg verloren. Gorbach verdankte sein Leben nur folgendem Umstand: Er war als Schreiber beschäftigt. Der ihm vorgesetzte SS-Mann erfuhr, daß Gorbach fürs Gas ausgesucht worden war und bewahrte ihn davor mit der Begründung: „Den brauche ich. Der hat eine schöne Schrift." Hätte der SS-Mann an seiner

Schrift keinen Gefallen gefunden gehabt, wäre Gorbach ebenfalls ermordet worden. Diese zwei Beispiele sollen euch zeigen, was für eine Willkür damals herrschte.

Ich habe vorhin gesagt, daß die Vergasungsaktionen in den besagten sechs Anstalten im August 1941 gestoppt wurden. Statt dessen brachte man jetzt dort die Menschen der sogenannten Invalidentransporte aus den Konzentrationslagern um.

Etwa um jene Zeit begann eine Massenmordaktion noch viel größeren Umfangs, um, wie die Nazis sich ausdrückten, „minderwertige Rassen" zu beseitigen. Und dabei handelt es sich um das Böseste an Verbrechen dieses Terrorsystems, wenn man da überhaupt Steigerungsstufen gebrauchen darf. Man mordete Menschen in Massen, nur weil sie angeblich einer „Rasse" angehörten, der man das Lebensrecht absprach.

Als besonders minderwertig wurden jene eingestuft, die schon seit Jahrhunderten als Minderheit unter uns gelebt haben, aber sich durch andere Sitten, durch eine andere Sprache oder durch eine andere Religion unterschieden und daher leicht in die Funktion eines Blitzableiters, wenn ich mich so ausdrücken darf, gedrängt werden konnten. Unzufriedenheit, Empörung lassen sich immer leicht gegen Menschen, die anders sind, die quasi außerhalb der Reihe stehen, die irgendwie auffallen und die wehrlos sind, umlenken.

Heute gibt es eine solche Minderheit unter uns, die ebenfalls anders und schutzlos ist und als Blitzableiterfunktion herhalten muß: die ausländischen Arbeiter. Schon die Bezeichnung Gastarbeiter ist eine Schönfärberei, normalerweise läßt man einen Gast nicht arbeiten. Man sagt: „Die Gastarbeiter sind an unserer

19

Arbeitslosigkeit schuld!", obwohl die größte Zahl der Gastarbeiter in Vorarlberg verzeichnet ist, wo es die geringste Arbeitslosigkeit gibt. Umgekehrt gibt es im Waldviertel, wo die größte Zahl der Arbeitslosen ist, fast keine Gastarbeiter. Ich empfehle euch sehr, das Theaterstück „Andorra" des Schweizer Dichters Max Frisch zu lesen. Er hat das Wort geprägt: „Wir haben Arbeitskräfte geholt und es sind Menschen gekommen." Also, Menschen mit all ihren Problemen.

Daß Minderheiten als Sündenböcke verwendet werden, hat es lange vor den Nazis gegeben, gibt es, wie gesagt, auch heute noch. Besonders auf Juden und Zigeuner sind seit Jahrhunderten immer wieder die Aggressionen abgeladen worden. Die Nazis begnügten sich aber nicht damit. Sie planten und kündigten an, daß diese Minderheiten aus unserer Gesellschaft verschwinden werden, und sie führten ihr Vorhaben mit beinahe völligem Erfolg aus.

Da die Vergasungen zuerst der Behinderten und dann auch der KZ-Häftlinge in diesen sechs Anstalten nicht geheim gehalten werden konnten, errichteten die Nazis Vernichtungslager weit weg von der Deutschen Bevölkerung: drei in Ostpolen, eines in Westpolen. Dorthin deportierten sie die Juden aus allen Ländern, die damals in ihrem Machtbereich waren – das war fast ganz Europa – und ermordeten sie mit Giftgas. Es waren zunächst dieselben SS-Leute, die bereits in den Anstalten darauf trainiert worden waren, Hemmungen abzulegen und massenweise zu morden.

Nachdem es im Winter 1941/42 nach einer Serie von Blitzsiegen zum ersten militärischen Rückschlag kam, wurde der Staatsführung klar, daß man nicht mit weiteren schnell errungenen Blitzsiegen zum Endsieg kommen werde, man also eine Steigerung der Rüstungsindustrie benötigt. Sie hatte in ihren Konzentrationslagern ein riesiges Resevoir von Arbeitskräften, die faktisch nichts kosteten. Um euch eine Vorstellung von den Größenordnungen zu geben, zwei Zahlen, die erhalten geblieben sind: Zu Kriegsbeginn gab es in allen Konzentrationslagern 25.000 Häftlinge und im Jänner 1945 waren es 714.000 Häftlinge, einschließlich der in den Außenlagern befindlichen, die meist Produktionsstätten für die Rüstung darstellten. Also 25.000 zu 714.000 und inzwischen sind Millionen ermordet worden oder an Entkräftung oder Verzweiflung gestorben.

Von da an richtete die SS folgendes System ein: Wer nicht arbeiten konnte, mußte sofort sterben, die Arbeitsfähigen wurden als Häftlinge ins KZ eingewiesen, um in einem Rüstungsbetrieb zu arbeiten, solange ihre Kraft reichte. Ausgewählt wurde bei der sogenannten Selektion, der der Deportierte unterworfen wurde. Ein kurzer Blick eines SSlers reichte aus, und das Urteil war gefällt, ob eine Frau oder ein Mann arbeitsfähig schien, ob sie als Häftlinge ins Lager eingewiesen oder gleich in der Gaskammer ermordet wurden. Zum Zentrum dieser Aktion – Vernichtung nach vorhergehender Selektion der Arbeitsfähigen – wurde ein KZ gewählt, das es schon vorher gegeben hatte, bereits seit Juni 1940: das KZ Auschwitz in Polen.

Ich kann euch erzählen, wie es in Auschwitz zugegangen ist, weil ich dort zwei Jahre als Häftling habe existieren müssen, von August 1942 bis August 1944. Ab Anfang 1942 wurde in Auschwitz die Deportation von Juden konzentriert und regelmäßig Selektionen durchgeführt. So wurde Auschwitz auf der einen Seite das größte Konzentrationslager, auf der anderen Seite das größte Vernichtungslager. Ich will aber nicht meine Erlebnisse erzählen, denn vielleicht glaubt der eine oder andere, daß ich übertreibe.

Ich habe euch deshalb Lichtbilder mitgebracht, die Auschwitz und die Verhältnisse dort dokumentieren. Sie wurden von einem SS-Mann aufgenommen, einem Deutschen, der in Auschwitz Leiter des Erkennungsdienstes war. Bernhard Walter heißt er und lebt in Fürth bei Nürnberg. Er machte eine ganze Serie von Photos bei der Selektion im Spätfrühling oder Sommer 1944, als die intensivste Vernichtungsaktion in Auschwitz anlief. Damals stand der Krieg für die Nazis schon nicht mehr günstig, und da versuchten sie, die Vernichtungskapazität noch maximal auszunützen.

Ab 16. Mai 1944 wurden innerhalb von etwa 7 Wochen mehr als 430.000 Juden aus Ungarn nach Auschwitz deportiert – die Zahl ist in Dokumenten erhalten geblieben. Und von ihrer Selektion, bei der die Arbeitsfähigen in die Rüstungsbetriebe kamen und die anderen in die Gaskammern geschleust wurden, machte Bernhard Walter Photos, die er in ein Album einklebte. Dieses Album ist erhalten geblieben. Bernhard Walter wurde im Frankfurter Auschwitz-Prozeß, der in den frühen Sechzigerjahren geführt wurde, als Zeuge vernommen. Man legte ihm das Album als Beweisstück vor, und er gab zu, daß er die Photos gemacht und das Album zusammengestellt hat.*)

Links und rechts sind Abschnitte des Lagers Birkenau zu sehen. Birkenau ist der Name für ein riesiges Barackenmeer, das auf Befehl Himmlers seit 1941 von Häftlingen neben dem Konzentrationslager Auschwitz, das später als „Stammlager" bezeichnet wurde, errichtet werden mußte. Birkenau hatte viele durch elektrisch geladenen Stacheldraht getrennte Lagerabschnitte. Dazwischen sind Gleise gelegt worden. Über

---

*) Die hier wiedergegebenen Photos sind Teil einer Diareihe von Hermann Langbein. Sie kann von der SHB ausgeliehen werden.

dem Tor befand sich einer der Wachtürme, wie sie das ganze Lager umgaben und auf denen Posten mit Maschinengewehren standen.

Rechts auf dem Photo seht ihr eine Zugsgarnitur, die wahrscheinlich noch nicht geöffnet ist, links ist eine, die schon leer ist. Das erkennt man an den Kleiderbündeln, die die Deportierten beim Zug liegen lassen mußten. Den Leuten wurde ja nicht gesagt: „Ihr fahrt in die Gaskammer.", sondern: „Ihr werdet umgesiedelt." Die Leute haben das mitgenommen, von dem sie glaubten, daß es das Wichtigste sei, um sich eine Existenz aufbauen zu können.

Im Hintergrund erkennt man zwei große Schornsteine. Sie gehören zu zwei großen, symmetrisch gebauten Krematorien mit eingebauten Gaskammern. Zwei weitere, etwas kleinere, die man auf diesem Photo nicht sieht, waren in dem Wäldchen rechts.

Die Leute waren in den Lastwaggons – soweit man das nachträglich feststellen konnte – in der Regel etwa zwei Tage unterwegs, denn Wehrmachtszüge hatten

Vorrang, sodaß Deportationszüge oft stehen blieben. Die Häftlinge durften die ganze Fahrt hindurch den Waggon nicht verlassen. Ich habe mit zwei Tagen den Durchschnitt angegeben. Es kam auch vor, daß Züge bis zu drei, vier und mehr Tagen unterwegs waren. In der Regel bekamen die Häftlinge lediglich beim Einwaggonieren Lebensmittel und Wasser, das mußte für die ganze Fahrt reichen. In jedem Waggon befanden sich bis zu hundert Personen. Ihr könnt euch vielleicht eine Vorstellung machen, wie es da drinnen ausgeschaut hat. Es starben immer wieder Menschen während der Fahrt und da die Waggons geschlossen bleiben mußten, fuhren die Leichen mit.

Wenn der Waggon in Auschwitz endlich geöffnet wurde, waren die Leute froh, an die Luft zu kommen. Da mußten sie, Männer und Frauen getrennt, in Fünferreihen antreten. Die dunkle Kolonne, das sind die Männer, die helle Kolonne mit den Kopftüchern, das sind die Frauen mit Kindern. Ihr seht hinten links das Eingangstor von Birkenau von innen.

24

Ein Bild von der Selektion. Der Mann in der Uniform ist ein SS-Arzt. Er urteilt mit einem kurzen Blick, dann heißt es „Links!" oder „Rechts!", Lager oder Gas. Das ist das einzige Photo von Bernhard Walter, auf dem wir den selektierenden SS-Arzt identifizieren konnten. Der Mann in Uniform, der da hinüber weist, ist Dr. Horst Thilo aus Bielefeld. Ich habe ihn in Auschwitz kennen lernen müssen und erkenne ihn am Photo wieder. Ich bin nicht der einzige, der ihn identifiziert hat.

Der Weg, auf dem die Leute nach hinten gehen, führt zu einem der beiden großen Krematorien. Diejenigen, die als arbeitsfähig aussortiert wurden, mußten in Fünferreihen ins Lager marschieren, damit sie abgezählt werden konnten. Die, die nach hinten gehen, durften schon gehen, wie sie wollten, sie waren abgeschrieben und brauchten nicht mehr gezählt zu werden.

Bernhard Walter, von dem die Photos stammen, klebte sie in ein Album. Ich habe die Photos herausgenommen, damit man sie besser zeigen kann. Aber eine Seite vom Album habe ich belassen.

25

noch einsatzfähige Frauen

Sie ist von ihm beschriftet: „Noch einsatzfähige Frauen." Das vierte Photo fehlt. Ich weiß nicht, ist es herausgefallen oder hat er hier nur drei eingeklebt. – Juden mußten an ihrem Gewand angenähte Sterne tragen, damit man auf einen Blick erkannte, daß sie als Menschen zweiter Ordnung anzusehen waren.

In der ersten Zeit trennte der jeweilige SS-Arzt bei der Selektion junge Frauen, die mit ihren kleinen Kindern angetreten waren, von diesen, wenn er die Frau für arbeitsfähig hielt. Das Kind, das ja nicht arbeiten konnte, mußte ins Gas. Dabei kam es immer zu furchtbaren Szenen. Die Kinder haben gebrüllt, weil sie von der Mutter wegmußten. Die Mutter hat geschrien, weil ihr das Kind weggenommen wurde. Da haben keine Prügel geholfen. Der Kommandant wollte die Selektion sehr schnell und ohne großes Hin und Her über die Bühne bringen. Um derartige Komplikationen zu vermeiden, gab er den Befehl, daß Frauen mit Kindern auf jeden Fall ins Gas zu gehen haben.

Ich würde euch vorschlagen, daß ihr euch dieses Bild merkt. Hie und da werdet ihr vielleicht hören, die Nazis hätten nur ihre Feinde verfolgt, und die Juden wären eben die Feinde des Deutschen Volkes. Die Nazis haben während ihrer Herrschaft und auch schon davor so geredet und geschrieben, und es gibt heute noch Leute, die das nachsagen. Diese Kinder, die so nichts ahnend zur Gaskammer gehen, die waren wahrscheinlich eine halbe Stunde oder eine Stunde, nachdem diese Aufnahme gemacht wurde, im Giftgas erstickt. Das waren also die „Feinde".

Die Aufnahmen wurden zur Zeit der intensivsten Vernichtungsaktion, der sogenannten Ungarnaktion gemacht. Damals gab es Tage, an denen innerhalb von 24 Stunden bis zu sechs Transporte anfuhren, jeder Transport umfaßte 2.000–3.000 Personen in 20–30 Lastwaggons. Nach der Selektion wurden die nicht Arbeitsfähigen zur Gaskammer geführt, mit der Erklärung, daß es ins Bad geht. Tatsächlich war die Gaskammer als Baderaum getarnt mit Duschen an der

Decke und Rohren. Allerdings handelte es sich um blinde Rohre, aber das konnte man nicht sehen. Vor der Gaskammer befand sich ein Auskleideraum mit Haken und Nummern über den Haken und da sagte man: „Merkt euch eure Nummer, damit ihr eure Kleider wieder findet!" Man bemühte sich, die Täuschung perfekt zu machen, damit alles sehr schnell und effizient vor sich ging.

Sobald die Leute ausgezogen und in der Gaskammer waren, wurde die Tür geschlossen und gewartet, bis eine Temperatur von ungefähr 25 Grad erreicht war. Man kann sich leicht vorstellen, daß es in einem ungelüfteten Raum, in dem nackte Menschen dicht gedrängt beisammen stehen, sehr schnell warm wird. Die zirka 25 Grad wurden abgewartet, weil bei dieser Temperatur das Giftgas Zyklon B, das kristallinisch ist, verdampft. Dann wurde das Giftgas durch Schächte in der Decke eingeworfen.

Ein im Zuge des Frankfurter Auschwitzprozesses angeklagter SS-Mann, Josef Klehr, wurde vom Gericht befragt, was sich dann abgespielt hat. Ich gebe seine Antwort mit seinen Worten wieder: „Dann gab es ein Summen wie in einem Bienenkorb, 10–15 Minuten lang. Dann wurde es stumm." Um die Gaskammern zugänglich zu machen, wurde eine Ventilation eingeschaltet, die das Gas hinausbeförderte. Häftlinge wurden gezwungen, in die Gaskammer hineinzugehen und die Leichen auseinanderzuzerren. Dann wurden die Haare geschoren, die Goldzähne ausgebrochen und die Leichen zu den Öfen in den Stock hinauftransportiert. Verständlicherweise wurde die Gaskammer verschmutzt und mußte von Häftlingen gesäubert werden.

Hier seht ihr Häftlinge, die nicht fürs Gas bestimmt waren. Sie sind teilweise schon eingekleidet, ihr Haar geschoren. Ihre eigenen Kleider haben sie abgegeben.

Häftlinge mußten die Kleider untersuchen und die darin verborgenen Wertgegenstände wie alle anderen Sachen der Neueingelieferten und Vergasten sammeln und sortieren. Das geschah in einem Komplex von 30 Barakken, der neben einem der Krematorien errichtet worden war. Die Wertgegenstände wurden „zur weiteren Verwendung" ins sogenannte Altreich geschickt.

Ich habe euch auch eine Aufnahme mitgebracht, die zur selben Zeit wie die gerade gesehenen Photos gemacht wurde, aber nicht von dem SS-Mann, sondern von Häftlingen. Im Laufe der Zeit formierten Häftlinge in Auschwitz eine Widerstandsorganisation. – Das sagt sich leicht, war aber gar nicht leicht! Sie stellte sich unter anderem zur Aufgabe, die Welt über die Massenmorde zu informieren. Ihr gelang es schon 1942, detailierte Nachrichten über den Vernichtungsvorgang hinauszuschmuggeln. Auf demselben Weg erfuhren wir, daß die Alliierten dachten, daß die Details, die sie von uns übermittelt bekommen hatten, übertrieben sein müßten. Deswegen riskierte man es, im Sommer 1944 einen Photoapparat ins Lager zu schmuggeln. Er wurde in einem Kessel mit doppeltem Boden eingebaut, zu den Häftlingen gebracht, die streng isoliert bei einem der Krematorien zu arbeiten hatten, und dort haben Häftlinge vier Aufnahmen gemacht. Diese Dokumente wurden noch während des Krieges hinausgeschmuggelt. Hier eines dieser vier Dokumente:

Bei der intensivsten Vernichtungsaktion, der der ungarischen Juden, reichten zwar die Gaskammern aus, aber nicht immer die Öfen. Um die Vernichtung nicht stoppen zu müssen, befahl der Kommandant, daß neben dem Krematorium 3 eine Grube ausgehoben wird und dort, im Freien, Leichen und Holz aufgeschlichtet verbrannt werden.

Kein Mensch kann euch einen Vorwurf für das machen, was vor 40, 50 Jahren geschehen ist. Ihr könnt für diese Zeit wirklich nicht das Geringste. Kein Mensch sucht sich aus, wann und wo er geboren ist. Keiner hat sich seine Eltern aussuchen können. Der eine hat es besser, der andere schlechter getroffen. Jeder muß es hinnehmen, wie es ist. Ihr habt euch nicht ausgesucht, daß ihr in Österreich nach Auschwitz geboren worden seid. Ich berichte über die Zeit vor 40, 50 Jahren nicht, um euch eine unangenehme Stunde zu bereiten, sondern weil ihr, meiner Meinung nach, eine Aufgabe habt: Ihr müßt schauen, daß sich so etwas nicht wiederholen kann.

Ich bin überzeugt, ihr habt eine Verpflichtung zu wissen, was damals in Mitteleuropa vor sich gegangen ist und ihr müßt euch Gedanken darüber machen, wie so etwas möglich sein konnte, was die Ursachen waren, damit ihr gewappnet seid, wenn ihr Ähnliches wiederseht, rechtzeitig dagegen aufzutreten. Ihr habt das Leben vor euch, wir haben das Leben hinter uns. Wir wollen euch übermitteln, was wir in dieser bitteren Zeit erfahren und was wir aus ihr gelernt haben. Eure Aufgabe ist es, euer Leben so zu gestalten, daß ihr später mit ruhigem Gewissen auf euer Leben zurückblicken könnt.

Jetzt stehe ich euch für Fragen zur Verfügung.

Was ist mit Frauen passiert, die in Auschwitz schwanger waren?

Wenn die SS entdeckte, daß eine Frau schwanger war, kam sie in die Gaskammer. Einmal – das ist eine furchtbare Episode – wurde der SS das Gerücht zugetragen, daß ihr bei der Selektion schwangere Frauen entgangen seien, weil man ihnen die Schwangerschaft nicht angesehen hat. Um sie zu erwischen, forderte die SS Schwangere auf, sich zu melden, weil sie eine Milchzulage bekommen sollten. Einige meldeten sich und bekamen tatsächlich ein paar Tage lang Milch. Die Folge war, daß sich noch mehr meldeten und dann wurden alle schwangeren Frauen in die Gaskammer geschickt.

Eine Widerstandskämpferin, Anni Sussmann, war schwanger, als sie nach Auschwitz kam. Sie konnte es verbergen. Einmal, beim Appell bekam sie die Wehen. Sie hat den Appell Gott sei Dank noch überstanden und hat in der Baracke einen Buben geboren, einen lebenden Buben. In diesem Augenblick kam der SS-Arzt, dessen Namen ihr wahrscheinlich schon gehört habt, Mengele, in die Baracke. Das Baby hat geschrien. Mengele hat es gehört und warf es in den Ofen. Die Frau hat sich von diesem Schock nie erholen können, sie hat jahrelang überhaupt nicht davon gesprochen. Das war ein Ausnahmefall. In der Regel sind Schwangere gar nicht bis zur Entbindung gekommen.

War Vergasen die einzige Methode, Menschen umzubringen?

Es wurde erschlagen, es wurde erschossen und man verabreichte Giftinjektionen ins Herz. An erster Stelle aber stand das Vergasen und das aus zwei Gründen:

Erstens, in die beiden größten Gaskammern in den Krematorien, deren Schornsteine wir gesehen haben, gingen pro Gaskammer bis zu 2.000 Menschen auf einmal hinein, da konnte man also in wenigen Minuten gleichzeitig 2.000 töten. Erschießungen hingegen brauchen ihre Zeit und Giftinjektionen ins Herz noch mehr Zeit, denn da wird jedem einzelnen ins Herz gestochen. Diese Methoden wendete die SS an, wenn sie eine geringe Zahl töten wollte. Zweitens, für die Ermordung mit Giftgas ist ein ganzer Apparat eingespannt: Keiner ist der unmittelbare Mörder, und der noch unmittelbarste Mörder, der, der das Giftgas einschüttet, sieht die Opfer nicht, denn er schüttet es durch einen Schacht im Dach.

Die Massenexekutionen in der ersten Phase hatten sich nicht bewährt. Da mußten sich die Leute ausziehen, selbst eine Grube ausheben, sich am Grubenrand aufstellen. Dann wurde auf sie geschossen und die Toten und die Halbtoten fielen in die Grube. Da sahen die Täter ihre Opfer direkt. Himmler hat einmal so eine Exekution inspiziert. Es wurde berichtet, daß Hirn und Blut auf seinen Mantel gespritzt ist und ihm schlecht geworden ist. Er sagte: „Das darf ich meinen Männern nicht zumuten." – nicht den Opfern, sondern den Tätern. Beim Vergasen war die psychische Belastung offensichtlich geringer.

Stimmt es, daß den Leichen die Goldzähne ausgebrochen und die Haare für Polster verwendet worden sind?

Ja, Goldzähne sind ausgebrochen worden, aber die Haare wurden nicht für Polster verwendet. Den weiblichen Leichen wurde das Haar geschoren und diese Haare wurden in die Fabrik Zink nach Roth in Bayern geschickt, wo daraus ein Gewebe fabriziert wurde, das angeblich sehr gut für Dichtungen war. Die Goldzähne und Goldringe wurden den Leichen ausgebrochen und abgenommen, eingeschmolzen und jeden Monat von einem SS-Kurier in Berlin abgeliefert. Als Schreiber in Auschwitz zählte es zu meinen Aufgaben, jenes Formular auszufüllen, das diesem Kurier mitgegeben wurde. Darauf war vermerkt, wieviel Gold er bei sich hatte. Ich erinnere mich, in einem Monat waren es 18 Kilo und etliche Gramm Gold.

Sind Leute auch aus dem Lager geflohen?

Ja, Fluchten fanden statt, aus Auschwitz in relativ großer Zahl, aus Mauthausen und Dachau in geringer Zahl. Eine Flucht aus diesen beiden Lagern war dehalb so schwierig, weil man nicht nur aus dem Lager hinaus mußte, was schon eine schier unüberwindliche Schwierigkeit darstellte, sondern auch draußen jemanden brauchte, der weiterhilft. Man hatte Häftlingskleidung an, geschorene Haare, keine Papiere. Man brauchte anderes Gewand, falsche Papiere, Geld, Unterkunft usw. Die Umgebung von Auschwitz war von Polen bewohnt, und es gab in der Nähe Partisanengruppen. Viele halfen trotz der für sie damit verbundenen Gefahr. Vor allem polnischen Häftlingen gelang die Flucht. Die Hilfe für einen geflüchteten Häftling wurde nicht nur damit geahndet, daß der Helfer umgebracht wurde, sondern auch seine ganze Familie, wenn die Nazis ihn fanden. Wir kennen über 200 Häftlinge aus Auschwitz, die geflohen sind und überlebt haben. Viele sind während der Flucht oder unmittelbar danach erwischt worden.

Was ist mit denen passiert?

Wenn jemand beim Fluchtversuch erwischt worden ist, wurde er in der Regel im Lager beim Appell vor allen Häftlingen gehenkt. Wurde einer bei einem

Fluchtversuch erschossen, dann stellte man seine Leiche am Lagertor auf, an ein schräges Brett, worauf geschrieben stand: „So geht es jedem, der flieht." Beim Rückmarsch von der Arbeit ins Lager sahen alle diese Leiche. Wenn eine Flucht gelungen war, wurden zehn Häftlinge, die in irgendeinem Kontakt mit dem Geflüchteten gestanden hatten, in das Lagergefängnis, Bunker genannt, in eine Dunkelzelle gesperrt. Sie erhielten weder Wasser noch Essen, bis entweder der Flüchtling erwischt oder sie verhungert waren. – So war es in der ersten Zeit.

Ihr habt vielleicht schon einmal von Pater Kolbe gehört. Als ein Pole, der nach einer geglückten Flucht eines Landsmannes für den Bunker ausgesucht worden war, furchtbar jammerte und klagte, was denn nun mit seiner Frau und mit seinen Kindern geschehen werde, da trat Pater Kolbe vor und sprach zum Lagerführer Fritzsch: „Bitte, nehmen Sie mich an seiner Stelle, ich habe keine Frau." Fritzsch akzeptierte und Pater Kolbe ist zugrunde gegangen. Pater Kolbe wurde heilig gesprochen. Vor ihm war schon ein junger Mann, ein Gymnasialprofessor aus Oberschlesien, der auch keine Familie hatte, an Stelle eines anderen wissentlich in den Tod gegangen. Verhungern und Verdursten ist ein scheußlicher Tod. Der wurde nicht heilig gesprochen.

Warum sind Sie ins Lager gekommen?

Ich bin Wiener, das werdet ihr sicher an der Sprache bemerkt haben. Ich war schon als junger Mensch gegen die Nazis eingestellt. Bis 1938 gab es ja Zeitungen, die berichteten, was die Nazis in Deutschland anstellten. Jeder Österreicher meiner Generation – ich bin Jahrgang 1912 – konnte Bescheid wissen. Die Gestapo war gut auf die Okkupation Österreichs vorbereitet, wußte auch von meiner Antinazieinstellung und war sehr bald in unserer Wohnung, aber fand mich nicht mehr vor.

Ich ging nach Spanien, um an der Seite der Republikaner gegen die Faschisten zu kämpfen. Faschistische spanische Generäle hatten sich gegen die junge Republik verschworen. Franco organisierte mit Hilfe von Mussolini und Hitler im Jahre 1936 einen Putsch. Während in anderen Ländern Faschisten leicht siegen konnten, wehrten sich die Spanier. Das wirkte elektrisierend auf viele, die ein faschistisches System verabscheuten. Es kamen Menschen praktisch aus allen Ländern der Welt, um den Republikanern in ihrem Kampf zu helfen, unter anderem auch etwa 1.650 Österreicher. Der Krieg ging verloren und man internierte mich, wie viele andere auch, in Südfrankreich. Im Zuge der Okkupation Frankreichs durch Hitler wurde eine ganze Gruppe österreichischer Spanienkämpfer in das KZ Dachau verschickt, auch ich. Danach kam ich nach Auschwitz und zum Schluß nach Neuengamme, einem KZ bei Hamburg.

Hat es unter den Nazibonzen viele Österreicher gegeben?

Es gab nicht nur hunderttausende Österreicher, die Nazimitglieder waren, es war auch eine ganze Reihe unter den prominentesten Verbrechern der Nationalsozialisten Österreicher. Ich denke nicht nur an Kaltenbrunner, den Nachfolger von Heydrich, ich denke auch zum Beispiel an Globocnik, den Kärntner illegalen Nazi, der das Zentrum der Vernichtung in Ostpolen von Lublin aus geleitet und organisiert hat und das mit einem ganzen Stab von Kärntner Nazis, Altnazis, die er mitgenommen hatte. Ich denke an Lerch, seinen Stabsführer, der bis heute nicht verurteilt worden ist. Was Auschwitz betrifft, denke ich zum Beispiel an

36

Grabner, den Leiter der politischen Abteilung, einen der gefürchtetsten Männer, und an die Aufseherin des Frauenlagers, Mandel, die Oberösterreicherin war. – Und Hitler war Österreicher. Aber nicht nur diese Leute soll man sehen, sondern auch die kleinen, unscheinbaren und auch die Nicht-Parteimitglieder, von denen es genug gab, die sich Verbrechen schuldig gemacht haben.

Wenn ihr heute einen Menschen meiner Generation, kann meinetwegen auch 10, 15 Jahre jünger sein als ich, fragen werdet: „Was war im Jahr 1945?", dann wird kaum einer antworten: „Da wurden wir befreit.", sondern sie sagen: „Das war ein Zusammenbruch." Und wenn ihr heute einen Menschen meiner Generation fragt: „Wie lang war Österreich von fremden Truppen besetzt?", so wird die regelmäßige Antwort sein: „Von 1945 bis 1955" und nicht: „Von 1938 bis 1955". Diese Tatsachen allein zeigen, daß nicht nur Nazis akzeptiert haben, daß Österreich an Deutschland angeschlossen wurde. Wenn man sich dessen nicht bewußt ist, versteht man die heutige Situation nicht.

Ich habe gehört, es wurden Leute auch einfach so verhaftet, stimmt das?

Man konnte aus den nichtigsten Gründen verhaftet werden. Es gab auch die sogenannte Sippenhaftung. Wenn jemand etwas getan hatte, was den Nazis nicht gefiel, dann konnten auch seine Eltern, seine Geschwister, seine Kinder verhaftet werden. Für die Deportation ins KZ war kein Gerichtsurteil nötig.

Haben Sie auch schwer arbeiten müssen, zum Beispiel Steine schleppen?

Steine mußte ich nicht schleppen. Meine unangenehmste Arbeit war zu Beginn in Dachau in einem Kommando, das Wagen transportierte. Man hat keine Pferde, sondern Häftlinge vor die Wagen eingespannt. An der Seite des Wagens waren Stricke, und Häftlinge, ich weiß nicht mehr wieviele, hatten den Wagen zu ziehen. Wir mußten alle möglichen Fuhren machen, eine ist mir unauslöschlich in Erinnerung geblieben, die erste Fuhr an jedem Tag: Wir mußten die Leichen zum Krematorium führen und dort abladen. Sie waren in mit Blech ausgeschlagenen Kisten, aus denen eine übelriechende Flüssigkeit, das Leichenwasser, herausgetropft ist.

War es so, daß die Bewacher im KZ mittun mußten oder haben sich die auch gewehrt?

Es mußte keiner der SSler im KZ bleiben. Jeder hatte die Möglichkeit, sich an die Front zu melden. Nach 1945 gab es eine ganze Serie von großen Prozessen gegen SS-Leute, die an Verbrechen beteiligt waren. Einige ihrer Verteidiger waren darauf spezialisiert, Fälle zu suchen, wo ein Wehrmachtsoffizier oder ein SSler wegen Verweigerung eines Tötungsbefehls selber in ein KZ gekommen oder erschossen worden wäre. Denn die meisten Verbrecher verteidigten sich: „Ich mußte es machen. Wenn ich es nicht gemacht hätte, wäre ich umgebracht worden." Juristisch nennt man das Befehlsnotstand. Diese Verteidiger konnten kein einziges solches Beispiel finden, obwohl doch ihre Mandanten sehr gut wissen hätten müssen, wo so ein Fall zu finden wäre.

Es gab nur einen Fall und der paßt nicht zur Begründung eines Befehlsnotstandes. Ein Wehrmachtsoffizier, der an der Ostfront den Befehl erhalten hat, mit seiner Einheit ein Gelände abzusperren, wo eine Massenexekution durchgeführt werden sollte, wo also geschah, was ich schon geschildert habe: Die Leute mußten sich nackt ausziehen, eine Grube graben und wurden erschossen – dieser Offizier ließ seine Mannschaft antreten und teilte ihr mit: „Der Befehl wird nicht durchgeführt. Das ist kein militärischer Befehl, das ist ein mörderischer Befehl!" Der Mann wurde in das KZ Buchenwald deportiert und hat es überlebt. Ich hoffe, er lebt heute noch! Er wurde aber deportiert, nicht etwa weil er einen Mordbefehl verweigert hätte, sondern wegen Wehrkraftzersetzung, weil er seine Männer davon abhielt, den Befehl auszuführen. Es ist also kein einziger Fall bekannt geworden, wo jemand, der einen Mordbefehl verweigert hatte, deshalb von den Nazis verurteilt wurde.

Sie haben vorhin gesagt, daß sich das alles vor allem gegen die Juden und die Zigeuner gerichtet hat. Warum haben die sich eigentlich nicht gegen die Nazis gewehrt?

Warum sie sich nicht gewehrt haben? Viele von ihnen haben sich gewehrt; oft zwangsläufig unzureichend. Dann: Man hat den Juden und Zigeunern ja nicht gesagt: „Ihr werdet ermordet", sondern man hat ihnen schrittweise ihre Rechte genommen. Nachdem Hitler an die Macht gekommen war, verbot er zuerst, daß Juden und Nichtjuden heiraten. Die Juden wurden aus vielen Berufen verdrängt und schließlich von ihnen ausgeschlossen. Sie durften keine Anwälte mehr sein, keine Richter, keine Lehrer. Jüdische Schüler durften nicht mehr „normale" Schulen besuchen. Zuerst gab es noch eigene Schulen für jüdische Kinder, dann überhaupt keine mehr. Man hat sie also langsam aus dem

Leben verdrängt und diese Maßnahmen sukzessive gesteigert. Als man sie dann in die Vernichtungsstätten transportierte, hat man nicht gesagt: „Ihr werdet jetzt vergast", sondern: „Ihr werdet umgesiedelt. Nehmt alles mit, was ihr braucht, um euch eine neue Existenz aufzubauen." Aber es gab Fälle, wo Juden Widerstand leisteten.

Ich habe euch schon erzählt, daß man in Auschwitz, wenn man zur Vergasung bestimmt war, zunächst in einen Auskleideraum mußte, wo einen die SS drängte, sich auszuziehen. Für die SS waren die Befehle: „Schnell, schnell, schnell!" typisch. Man sollte keine Zeit haben nachzudenken, was vor sich geht. Am 23. Oktober 1943 war die Auskleidekammer wieder einmal voller Menschen und SSler brüllten herum: „Schnell, schnell, alles ausziehen! Schnell ins Bad!" Eine junge Frau weigerte sich, sich vor der SS zu entkleiden. Daraufhin versuchte der Rapportführer Schillinger, ihr die Kleider herunterzureißen. In diesem Augenblick öffnete sie seine Revolvertasche, zog den Revolver heraus und schoß auf ihn. Schillinger, ein besonders böser Rapportführer, wurde schwer verletzt, kam ins Spital nach Kattowitz und starb ein, zwei Tage später.

Wir erfuhren von diesem Aufstand, weil im Kommandanturbefehl stand: „Für Führer, Volk und Vaterland ist unser Kamerad Schillinger gefallen. Ehre seinem Angedenken" usw. Alle, die sich in dem Auskleideraum befanden, wurden ermordet. Die SS konnte sie nicht mehr in die Gaskammern treiben, sondern schoß mit Maschinengewehren hinein und warf Handgranaten, bis alle tot waren. Aber einen SS-Mann beförderte diese Frau ins Jenseits und ein anderer Mann, der Arbeitsdienstführer Emmerich, wurde angeschossen. Er kehrte später nach Auschwitz mit einem steifen Bein zurück. Wir wissen nicht, wieviele Aufstände es noch gab, über die kein Hinweis im Kommandanturbefehl zu finden war, weil kein SSler getötet wurde und über die es auch keine sonstigen Dokumente gibt.

Habt ihr weitere Fragen? Nein? Dann möchte ich euch zum Schluß Folgendes sagen: Wir wünschen euch, daß euer Leben so abläuft, daß so etwas nicht mehr möglich ist, wie wir es erleben mußten, wobei mit „so etwas" nicht eine Kopie gemeint ist. – Es müssen nicht immer die Juden und die Zigeuner sein. Daß Menschen aus irgendwelchen Gründen als minderwertig, schließlich als lebensunwert betrachtet werden mit all den bittersten Konsequenzen, das soll es nicht wieder geben! Ihr sollt empfindlich sein, wenn in dieser Richtung auch nur irgendwelche leisen Töne hörbar werden. Laßt euch niemals verführen zu glauben, es gäbe minderwertige und höherwertige Menschengruppen, solche, die von Natur aus zum Herrschen bestimmt wären, bei denen das im Blut läge. Und laßt euch niemals durch Leute bestechen, die euch sagen, ihr seid etwas Besseres als andere. Das hört man gerne, das schmeichelt, natürlich. Das ist aber sehr gefährlich.

Und dann: Was einen Menschen auszeichnen soll, das ist, daß er sich sein natürliches Gefühl, das die Nazis mit raffinierten Mitteln und aller Gewalt aus ihm herausbleuen wollten, erhält. Ein natürliches Gefühl ist Mitleid, wenn man jemanden sieht, der schlecht dran ist. Man fragt sich: „Kann ich dem nicht vielleicht helfen?" Dieses Gefühl laßt euch nicht schlecht machen. Die Nazis sagten, das wäre etwas Verächtliches. Man sollte „hart" werden und seinen „inneren Schweinehund" bekämpfen, das war eine ihrer Phrasen. Ein SS-Mann, der mit 19 Jahren in

Auschwitz war, Hans Stark aus Darmstadt, hatte über seinem Schreibtisch die Inschrift „Mitleid ist Schwäche" und er handelte danach. Laßt euch euer Mitgefühl mit Schwächeren, mit Außenseitern nicht schlecht machen. Solidarität darf nicht nur der Titel einer Zeitung sein. Aber es hat nur Solidarität mit Schwächeren einen Sinn, Solidarität mit Gleichstarken oder Stärkeren hat keine Bedeutung.

Noch etwas möchte ich euch gerne sagen: Was ich jetzt nur flüchtig skizziert habe, hat seine Wurzeln nicht nur in der Rassenlehre und der Verpönung des Mitgefühls – es gibt viele Ursachen –, aber noch eine möchte ich euch besonders ans Herz legen: Die Massenmorde waren auch möglich, weil man die Menschen, vor allem die jungen Menschen, damals lehrte: „Du mußt in jedem Fall deinem Vorgesetzten, deinem Führer blind gehorchen!"

Es ist immer leicht zu gehorchen, jemandem zu folgen. Denn wenn es schief geht, kann man sich ausreden: „Was kann ich dafür! Der und der hat es gesagt!" Das ist billig, leicht. Sucht euch nicht den leichteren Weg! Ich will euch den Rat mitgeben: Geht nur einen Weg, den ihr selber verantworten könnt. Wenn etwas von euch verlangt wird, was ihr nicht verantworten zu können glaubt, denkt zuerst nach und holt Erkundigungen ein, und wenn ihr nicht überzeugt werdet, tut es nicht! Auch dann nicht, wenn es hie und da einen blauen Fleck kostet, auch dann nicht, wenn es mit Unannehmlichkeiten verbunden sein kann. So könnt ihr nicht zum Werkzeug gerissener Demagogen werden, wie es so viele meiner Generation wurden.

Fritz Kleinmann

Über Nacht waren wir nicht „rassenrein"

Sie dürfen in mir nicht den alten Herrn sehen, obwohl ich natürlich ein alter Mann bin. Zur Zeit des Faschismus war ich jünger als Sie, 15 Jahre alt. Ich bin 1923 geboren. Wir sind alle Wiener, die ganze Familie alteingesessene Österreicher, der Vater war Handwerker, gelernter Tapezierer, die Mutter im Haushalt und vier Kinder.

Es war oft sehr, sehr wenig Geld und daher auch sehr wenig Essen vorhanden. Zum Beispiel bedeutete für uns vier Kinder ein Schmalzbrot schon sehr viel. Das Licht wurde uns einige Male abgesperrt, denn der Vater hatte nicht das Geld für die Stromrechnung. Er war oft ohne Arbeit. Wir wohnten in einer Wohnung, die nur aus Zimmer und Küche bestand. Als Kleinkinder schliefen mein jüngerer Bruder und ich bei den Eltern, denn wir hatten kein eigenes Bett, später haben wir zu zweit in einem Bett geschlafen. Trotzdem waren wir Kinder unbeschwert! Die Gasse war unser Spielplatz, es gab ja damals kaum Autoverkehr. Meine Eltern haben daheim politisiert, auch wenn Bekannte zu Besuch gekommen sind, aber wir Kinder durften nicht zuhören. Wir haben aber schon gewußt, daß der Vater Sozialdemokrat war. Ich folgte den Fußstapfen meines Vaters und trat als Lehrling bei einem Tapezierer ein.

Dann plötzlich, mit dem Einmarsch der Deutschen Truppen in Österreich 1938, änderte sich alles: Wir mußten erfahren, es gibt kein Österreich mehr! Für unsere Familie kam über Nacht noch etwas gänzlich anderes dazu. Wir mußten erfahren, daß wir nicht „rassenrein", daß wir „jüdisch" waren. Der Antisemitismus in der Zeit davor traf vor allem die orthodoxen Juden, nicht aber uns. Ich war nicht oft im Tempel, ich wußte nicht viel über die mosaische Religion.

Es hat sehr viele Atheisten und Freidenker gegeben. Wir fühlten uns nicht als fromme Juden, wir waren auch nicht religiös und wir hatten auch nichts vom Antisemitismus gespürt. Für mich ganz unerwartet, kam eines Tages in die Gewerbeschule die HJ und die SA mit einer Liste, auf der auch mein Name stand, und sie sagten: „Raus aus der Klasse! Juden raus!" So mußten wir unter Hieben die Schule verlassen und durften sie nie mehr wieder besuchen. Gleich Anfang April 1938 war es auch, daß mich mein Meister entließ.

Auf einmal mußten wir feststellen, Judenkinder dürfen nicht Lehrlinge sein, dürfen die Schule nicht mehr besuchen! Wir durften keinen Park mehr betreten! Wir durften uns auf keine Bank mehr setzen! Die Hitlerjugend und die SA hat Kontrollen durchgeführt, daß sich ja kein Jude auf eine sogenannte Arierbank setzte. Wir durften keinen Fußballplatz mehr betreten! Wir durften in kein Kino mehr gehen! Jetzt hielten wir uns fast ständig zu Hause auf: vier Kinder, der Bruder war wesentlich jünger, in so einer kleinen Wohnung! Die Mutter hat uns nicht mehr auf die Gasse gelassen, weil sie Angst hatte, daß wir in eine Schlägerei verwickelt werden. Das Ärgste war, daß der Vater nicht mehr arbeiten durfte! Nur manchmal hat er bei Freunden, die ihm wohlgesinnt waren, im Pfusch Arbeit bekommen, sodaß wenigstens ein bißchen Geld zu Hause war. Und dann die Aufschriften: „Arier, kauft nur bei Ariern", dann: „Kauft nicht bei Juden", dann: die Mißhandlungen von Juden auf den Straßen.

Es waren regelrechte Jagden auf Juden. Die Straßen der Stadt waren von den Formationen der Nationalsozialistischen Partei beherrscht: die SA in braunen Uniformen mit Hakenkreuzbinde, die SS in schwarzen Uniformen.

Plötzlich erwiesen sich Spielkameraden als stramme HJ-Führer. Sie distanzierten sich von uns. Es gab aber auch Christen, die sich weiterhin mit uns verbunden fühlten, sogar solche, die, wenn sie auf der Straße kontrolliert wurden, sagten: „Wir sind Juden." und sich mit der HJ schlugen. Sie riskierten in Wirklichkeit nicht viel. Es ist ihnen auch tatsächlich nichts passiert, aber wir hatten große Angst. Wir wußten, wenn wir als Kinder uns zur Wehr setzen und zurückschlagen würden, daß nicht nur wir eingesperrt werden, sondern daß auch die Eltern Schwierigkeiten haben.

Eines Tages sagte mein Vater zu mir, es war ganz am Anfang der Okkupation: „Du, ungefähr 70.000 Österreicher sind schon verhaftet!" Das waren aber nicht nur Juden. Man erfuhr, daß die sozialdemokratischen Parteifunktionäre und sogar die Funktionäre der Vaterländischen Front, selbst die ehemaligen Regierungsmitglieder verhaftet und nach Dachau geschickt wurden, sofort, gleich am Anfang. Dann wurden Pfarrer verhaftet. Und da sagen heute manche Leute: „Wir wissen nichts! Wir haben nichts gesehen!" Seit 1933 wußte man, was Dachau ist, denn seit 1933 hat es das Konzentrationslager Dachau gegeben, das stand in den Zeitungen, und es hatte sich bald überall herumgesprochen, daß in Dachau sich Unheimliches abspielte.

Am 9. November 1938 ist es zu einer Art Pogromstimmung gekommen. Man holte die Juden zum Straßenreiben! Man zündete alle Bethäuser an! – Die Feuerwehr hatte den Befehl, nicht zu löschen. Es wurden damals tausende Juden verhaftet, auch mein

Vater und ich. Wir wurden beide geschlagen, am Abend ließ man uns frei. Aber 5.000 andere ließ man nicht frei, sondern deportierte sie in Konzentrationslager. Ich wurde entlassen, weil ich erst 15 Jahre alt war und mein Vater, weil er darauf pochte, daß er Frontsoldat im Ersten Weltkrieg gewesen war. Er war im Ersten Weltkrieg hoch dekoriert worden: Träger der Großen Silbernen Tapferkeitsmedaille, der Kleinen für tapferes Verhalten vor dem Feind und noch von drei, vier anderen Orden.

In der Stadt herrschte ein Terror, dessen Dimensionen man sich vorher nicht vorstellen hat können. Eine Parole war: „Willst du nicht mein Bruder sein, so hau' ich dir den Schädel ein." Die SA und die HJ zogen durch die Stadt und schrien das hinaus, oder sie zogen singend durch die Stadt: „Wenn das Judenblut vom Messer spritzt, dann singen wir und lachen, HJ-Kameraden hängt die Juden, stellt die Pfaffen an die Wand." Das hörte jeder und jeder sah, wie die Juden drangsaliert wurden. Ins Ausland konnte ich nicht, denn man erhielt nur ein Einreisevisum, wenn man in dem betreffenden Land jemand hatte, der für einen gutstand. Es mußte einer für dich bürgen, daß du dem Staat nicht zur Last fällst. Wir fanden keinen Bürgen und außerdem hätten wir nicht das Geld für die Reise gehabt.

Am 10. September 1939 kamen vier Bekannte meines Vaters, die sich inzwischen als stramme Parteigenossen erwiesen hatten, zu uns. Sie waren keine Polizisten oder andere offizielle Organe, sie waren Mitglieder der nationalsozialistischen Parteiorganisation, die von der Partei den Auftrag gehabt haben: „Wer Juden kennt, muß die Juden abholen!" Die „Freunde" kamen in unsere Wohnung und hatten das Du-Wort nicht vergessen, als sie meine Mutter fragten:

46

„Tini, wo ist der Gustl?" Mein Vater war nicht daheim, da sagten sie: „No, da nehmen wir den Buben mit, und wenn sich der Vater meldet, dann kann der Bub wieder heimgehen." Auf einmal war ich verhaftet und wurde in die Gestapo-Zentrale am Morzinplatz gebracht. Es waren schon Dutzende Leute dort, viele Juden.

Für mich war es das erste Mal, daß es Hiebe, ordentliche Hiebe regnete. Bald wurde ich auf die Elisabethpromenade überstellt und schließlich im Wiener Stadion interniert. Man bedauert es heute zu Recht, wenn man erfährt, daß in Chile das Stadion als Haftanstalt verwendet wurde, aber es ist viel zu wenig bekannt, daß 1939 auch das Wiener Stadion dafür hergehalten hat.

Ende September wurden wir am Westbahnhof in Viehwaggons verladen und ohne Verpflegung in die Nähe von Weimar, der Stadt Goethes und Schillers, gebracht. Als dort angehalten worden war, mußten wir zirka 10 Kilometer, bewacht von der SS, unter vielen Schlägen und Revolverschüssen laufen, auch alte Leute – es waren auch 80jährige unter uns –, bis wir im Konzentrationslager Buchenwald ankamen. Im Lager, als wir am Appellplatz stehen mußten, legten sie uns 25 Tote hin. Das war in meinem Leben die erste Konfrontation mit Ermordeten. Auf dem Transport erschlugen und erschossen sie 25 Menschen! Im Oktober wurden nahezu täglich 10 bis 15 Menschen erschlagen, offiziell hieß es: „Auf der Flucht erschossen".

Ich kann mich an viele Zahlen und Daten aus meiner Zeit im KZ erinnern. Das ist fast unglaubwürdig, aber es ist leicht zu erklären: Jeden Tag mußten wir in der Früh und am Abend geordnet auf dem Appellplatz antreten und jedesmal wurden wir gezählt. Die Zahl, ob tot oder lebendig, mußte stimmen. Wer gestorben war, wer erschlagen oder erschossen war, dessen Leiche mußte am Abend neben uns gelegt sein. Daran werde ich mich immer erinnern! Die ersten drei Monate in Buchenwald schliefen wir in Zelten. Tagsüber mußten wir Steine schleppen, ständig unter Knüppelschlägen und Geschrei: „Schneller! Wollt ihr laufen, ihr Sauhunde!" Für die Älteren oder gar Alten war das noch viel schlimmer als für uns.

Es gab keine Möglichkeit, sich zu waschen! Die Klos bestanden aus einer Grube und darüber eine Stange, und auf diese Stange mußte man sich setzen. Klopapier gab es nicht, auch kein Zeitungspapier.

Und erst die Verpflegung! Für 15 Mann gab es einen Laib Brot! Noch dazu mußten wir ihn ohne Messer teilen. Das hatte zur Folge, daß immer wieder jemand den Eindruck hatte, er hätte zu wenig bekommen. In der Früh gab es einen Becher Ersatzkaffee – wir haben Negerschweiß dazu gesagt –, aber das war wenigstens heiß und wir haben uns daran erwärmt; am Abend nach 12- bis 14stündiger Arbeit im Steinbruch einen halben Liter Suppe mit Kartoffeln, Saurüben und Gemüse drinnen. Die Kartoffeln waren nicht geschält und in der Suppe war Erde. Es gab ganz wenig Fett und Fleisch.

Von den 1.048 Wienern, aus denen unser Transport bestand – die Nazis waren im Führen von Listen und dem schriftlichen Registrieren sehr pedantisch und viele dieser Unterlagen sind erhalten geblieben –, sind in den ersten drei Monaten 700 Kameraden ermordet worden oder verreckt.

Am 10. November 1939 kam es zum ersten „Höhepunkt": Die SS suchte 21 von uns Juden aus, schickte sie in den Steinbruch und am Abend wurden sie als Tote wieder heraufgebracht. An diesem Tag wurde pausenlos ausgepeitscht! Jeder 20. von uns wurde über den Bock gespannt und bekam 25 Stockhiebe über das Gesäß. Das besonders Barbarische war, daß man mitzählen mußte und wenn man sich verzählt hatte, mußte man von vorne anfangen. Ich war einer derer, die an diesem Tag ausgepeitscht wurden. Im selben Monat November haben wir 11 Tage lang überhaupt nichts zu essen bekommen! Gegen Ende des Monats mußten wir uns einmal duschen. Ein heißes Bad, das war wohltuend! – Nur haben sie uns naß und unbekleidet hinausgeführt, und wir mußten auf dem Appellplatz zwei Tage und eine Nacht lang nackt stehen. 60 bis 70 sind dabei erfroren.

Der Lagerkommandant teilte uns mit, daß es für uns kein Rauskommen gibt, außer über den Rost. Mit Rost war das Gitter des Kamins gemeint, auf dem die Toten im Krematorium verbrannt wurden und durch das die Asche fiel. Er sagte: „Nur durch den Rost gibt es noch einen Weg in die Freiheit." So sprach er zu uns Juden! Wenn ich von „uns Juden" spreche und mich miteinbeziehe, obwohl ich nie religiös empfunden habe, dann deshalb, weil ich jetzt einen Judenstern tragen mußte und mich natürlich mit den anderen, die ebenfalls so einen Stern tragen mußten, voll solidarisiert habe. Selbstverständlich fühle ich mich auch heute mit ihnen solidarisch.

Für uns Juden im KZ war jede Spitalspflege verboten. Übrigens war das Spital so schrecklich, daß es gar nicht die Bezeichnung „Spital" verdiente. Die SS steckte uns dann in eine Quarantänebaracke, um abzuwarten, ob wir Typhus, Ruhr oder eine andere Infektionskrankheit hatten. War man gesund, kam man in das große Lager.

Es stellte sich bald heraus, daß ich Ruhr und Typhus hatte. Da lernte ich zum ersten Mal in meinem Leben wahrhafte Solidarität kennen! Die älteren und alten Häftlinge, die ebenfalls Ruhr und Typhus hatten, haben zugunsten von uns Kindern auf die Hälfte ihrer Portion Haferschleim verzichtet! Fast alle von ihnen starben innerhalb von ein, zwei Tagen. Ich überlebte, obwohl ich nur mehr 40 Kilo wog. Wir, die wir gesund wurden, kamen ins Hauptlager, wo sich ungefähr 10.000 deutsche Häftlinge befanden.

Daß im Konzentrationslager hauptsächlich Juden waren, trifft auf Buchenwald sicher nicht zu, da waren Christen, Pfarrer, Sozialisten, Kommunisten usw. Von den 10.000 waren 9.000 „deutsche Arier", wir Österreicher haben für die Nazis zu den Deutschen gehört. Nach Kriegsbeginn kamen die Ausländer: Tschechen, Polen und, im Laufe des Krieges, noch viele andere Nationen. Am Anfang waren es nur Deutsche.

Eines Tages tauchten bei uns Kindern zwei Häftlinge auf, die schon sechs Jahre im KZ waren, weil sie Kommunisten waren. Sie hatten sich zum Ziel gesetzt, daß wir Kinder überleben sollen. Eine Vorbedingung war, daß wir nicht mehr die erschöpfende Arbeit im Steinbruch machen mußten. Sie fragten mich, wo ich gerne arbeiten würde. Ich antwortete: „In der Gärtnerei." Ich hoffte, daß ich dort irgendetwas Zusätzliches zu essen organisieren könnte. Die beiden rieten mir sehr von der Gärtnerei ab, ließen mir aber meinen Willen.

Der Kommandant der Gärtnerei, in der ich dann drei Monate arbeitete, war ein Grazer, der es auf Österreicher besonders scharf abgesehen hatte, weil wir für ihn nicht nur Untermenschen waren, sondern zusätzlich noch Volksverräter. Ich war mit einem anderen zusammen eingeteilt, die Latrinen auszuschöpfen und den Kot in zwei Blechkübeln, die auf eine Stange gehängt wurden, auf die Felder der Gärtnerei zu tragen. Das mußten wir den ganzen Tag lang machen. Mit dem Organisieren von Karotten oder anderem Eßbaren war nichts!

Irgendwann kamen wieder die zwei alten Häftlinge und kündigten an, daß ich vielleicht in ein Maurerkommando kommen würde. Die Umstände wären jetzt nicht so ungünstig, weil die SS, da nun Krieg war, Facharbeiter brauchte. Zuerst machte ich Hilfsdienste, wie Zementsäcke tragen und Mörtel mischen. Nach einiger Zeit kamen wieder die zwei alten Häftlinge, diesmal mit einem SS-Offizier. Sie sagten zu ihm, indem sie auf mich wiesen, ich sei so fleißig und daß es doch zu wenig Facharbeiter gäbe und ich sei besonders als Maurerlehrling geeignet. Der SSler bemerkte meinen Stern und sagte, er müsse erst beim Kommandanten fragen, ob ein Jude so eine qualifizierte Arbeit überhaupt bekommen kann. Bis jetzt mußten Juden ausnahmslos die schlechtesten Arbeiten, vor allem im Steinbruch, machen.

Ich wurde, um es abzukürzen, nicht nur der erste jüdische Maurerlehrling, sondern auch überhaupt der erste Maurerlehrling im KZ Buchenwald. Bald war eine Maurerschule organisiert, für 80 Kinder: Juden, Polen, Zigeuner. Jetzt hatten wir viele Vorteile: Vor allem mußten wir nicht mehr die schwere Arbeit im Steinbruch leisten, wo wir zusätzlich ständig geschlagen wurden und der Willkür der SS ausgesetzt waren. Hier trieb es die SS doch nicht zu arg mit uns, denn sie wollte uns ja als Arbeitskraft gebrauchen können, damit wir ihre Kasernen und anderes aufbauen würden.

1941 wurde es für uns Juden sehr kritisch. Wir mußten einmal am Appellplatz stehenbleiben, währenddessen die anderen weggehen durften, und man fragte uns, wer sich zu einer leichteren Arbeit melden möchte. Die alten Häftlinge hatten uns gewarnt. Sie hatten den Verdacht, daß hier etwas nicht stimmt. Ein paar von uns meldeten sich trotzdem. Nach einigen Tagen wurden sie aufgerufen und auf Autos verfrachtet. Es hieß, sie würden in eine Spinnstoffabrik nach Bernburg zu einer leichteren Tätigkeit geführt werden. Nun, wir glaubten das, wurden aber in kürzester Zeit eines Besseren belehrt. Nach zwei Tagen kamen die Kleider jener Häftlinge zurück. Nun gut, da hätte man noch glauben können, daß die Kameraden eine andere Uniform bekommen hätten. Aber es kamen auch ihre Brillen, auch ihre Zahnprothesen, auch Zahngold zurück. Das waren die ersten Vergasungen.

Ebenfalls etwas „Neues" war die Versuchsstation. Baracken innerhalb des Lagers wurden eigens mit Stacheldraht umzäunt und in ihnen wurden gesunde Häftlinge krank gemacht. Man infizierte sie mit Typhus und Ruhr und testete an den jetzt Kranken verschiedene Sera. Unter den „Versuchskaninchen" waren auch einige Wiener Freunde, Juden. Die Lagerleitung besann sich und fand, daß man einem deutschen Soldaten kein jüdisches Serum geben könnte. So wurden an ihnen die Versuche eingestellt, sodaß von diesen ein paar überlebten.

Eine andere furchtbare Sache: Auf Anordnung der Frau des Lagerkommandanten ließ man uns nackt ausziehen. Ihr müßt euch vorstellen: In den KZs waren ganz verschiedene Leute, so auch Seefahrer, bei uns Matrosen aus Deutschland. Matrosen lassen sich gern alles Mögliche tätowieren. Nicht alle waren Antinazis, einer hatte einen großen Reichsadler mit dem Hakenkreuz tätowiert. Einige tätowierte Häftlinge wurden in den Häftlingskrankenbau geschickt, dort mittels einer Injektion ermordet. Aus ihrer Haut wurde für die Frau des Kommandanten ein Lampenschirm, aus ihren Köpfen Schrumpfköpfe präpariert.

Gerade fällt mir noch eine schreckliche Situation ein. Ich glaube, das hat sich 1940 abgespielt: Der Herr Direktor Hamber, der dem Kiba-Verleih der Firma Wien-Film vorgestanden ist, wurde beim Strafexerzieren von einem SSler mit dem Kopf in eine Wasserpfütze geworfen und der SSler trampelte mit seinem Stiefel auf Hambers Kopf so lange herum, bis er ertrunken war. Diese „Angelegenheit" war der SS unangenehm, weil ein Zivilist der Baufirma, für die Kamerad Hamber hatte arbeiten müssen, Zeuge dieses Mordes wurde. Sie ließ uns alle am Appellplatz antreten und fragte, wer denn das gesehen hat. Lange Zeit meldete sich keiner. Plötzlich meldete sich der Bruder von Kamerad Hamber als Zeuge. Eine Woche danach hatte die SS alle Leute, die zu diesem Arbeitskommando gehörten, ermordet. Das waren 35 Häftlinge. Die SS trachtete stets, Zeugen ihrer Verbrechen aus der Welt zu schaffen. Nun hatte sich der Zivilist die „Sache" eingebildet.

Es hat damals auch einiges gegeben, das mir Mut machte, zum Beispiel, daß ich 1940 in die Baracke der prominenten Österreicher kam. An Prominenz war da versammelt: Landtagspräsident Dr. Robert Danneberg, Benedikt Kautsky, der nach dem Krieg Cheftheoretiker der Sozialdemokratischen Partei wurde, dann ein bekannter Christlich-Sozialer Funktionär – er soll in der Freiheit ein Antisemit gewesen sein, aber da man draufgekommen war, daß er Achtel-Jude war, war er nun selbst hier mit einem Judenstern –, dann der berühmte Librettist von Lehar, Dr. Beda-Löhner, Sepp Jellinek, der vor 1934 Redakteur der Arbeiter-Zeitung gewesen war, ein Sohn des berühmten Psychoanalytikers Federn und natürlich der unvergeßliche Kabarettist Fritz Grünbaum. Ich, der Bub, hörte vielen ihrer Gespräche zu und unauslöschlich ist mir ihr Glaube an Österreich, ihr Glaube, daß Österreich wiedererstehen wird! Nicht nur das, sie schmiedeten sogar Pläne, wie Österreich nach dem Krieg aussehen solle.

Eines meiner größten Erlebnisse war, als unsere Freunde uns Kinder eines Nachts im Jahr 1940 herausholten und in eine Baracke führten, wo sie uns Mozarts Kleine Nachtmusik vorspielten. Uns hat es Mut gegeben, wie die sich um uns bemüht haben, weil man hat ja doch an die Mutter gedacht, wie es ihr in der Freiheit ging. Diese Kameradschaft war für uns Kinder eine wirklich wertvolle Hilfe, die für mich auch in meinem weiteren Leben eine bedeutende Rolle gespielt hat. Beda-Löhner und Fritz Grünbaum haben mit einem deutschen Häftling zusammen für uns Kinder einen Kabarettabend veranstaltet, damit wir das Lachen nicht verlernen.

Ein anderer Höhepunkt war, als wir für Fritz Grünbaum zum 60. Geburtstag eine Feier organisierten. Es war der 7. April 1940. Diese Geburtstagsfeier war für mich von so besonderer Bedeutung, weil Fritz Grünbaum am selben Tag geboren ist wie meine Schwester. Wir verzichteten jeder auf ein Stück Brot, konnten über christliche Häftlinge noch ein paar Kilo Erdäpfel organisieren und eine Schüssel voll Käse, „Quark", damit sich der alte Mann einmal satt essen konnte. Um euch zu zeigen, was das bedeutete, muß ich sagen, daß jeder Häftling lediglich einen Löffel voll Käse pro Woche zugeteilt bekam. Das heißt, es war ein ziemlicher Verzicht. Beda-Löhner hielt eine Rede und Fritz Grünbaum hat uns Couplets vorgesungen. Es versteht sich von selbst, daß das ein großes Erlebnis war. Ein paar Wochen später hatten sie Grünbaum umgebracht! Nicht bei uns in Buchenwald, er wurde nach Dachau geschickt.

54

*Also, haben die Österreicher besonders zusammenge-
halten?*

Ja, das muß man wirklich sagen. Ich spreche jetzt
natürlich nur von den Häftlingen, nicht von den
„ostmärkischen" SSlern. Der Zusammenhalt der österreichischen Häftlinge hat sich zum Beispiel auch darin
ausgedrückt, daß wir Dialekt gesprochen haben. Wir
haben unser Österreichertum betont, indem wir einen
möglichst derben Dialekt gesprochen haben. – Wir
hab'n halt an Spruch g'führt. Es ist uns damit sogar
gelungen, die SS zu ärgern. Deshalb haben sie uns noch
öfter „ostmärkische Schlappschwänze" genannt.

Was ist mit Ihrem Vater geschehen?

Im Lager war ich dann mit meinem Vater zusammen.
Das Lager hatte im Durchschnitt 10.000 Häftlinge. Ich
war mit meinem Vater weder auf einer Baracke, noch
arbeiteten wir zusammen. So könnt ihr euch vorstellen,
daß man sehr lange aneinander vorbeigehen konnte,
ohne einander zu finden. Und als wir einander endlich
gefunden hatten, konnten wir uns nur hie und da am
Abend sehen.

Konnte man etwas kaufen, wenn man Geld hatte?

Bei der Einlieferung wurde einem alles abgenommen.
Ihr dürft euch nicht vorstellen, daß man mit einer
Geldbörse herumgehen konnte. Ab einem bestimmten
Zeitpunkt war es in Buchenwald möglich, zusätzliche
Nahrung zu kaufen, offensichtlich Waren aus den
besetzten Gebieten, Senfsauce oder Honig aus Hol-
land usw. Wir durften nach Hause schreiben und
konnten uns im Monat 30 oder 15 Mark anweisen
lassen, die auf ein Konto kamen.

Ich habe gehört, daß die Nazis in den KZs auch wehrlose Kriegsgefangene umgebracht haben, also gegnerische Soldaten ohne Waffen. Wissen Sie etwas davon?

Nach Kriegsbeginn gegen die Sowjetunion, 1941, kamen die ersten Gefangenen in russischer Uniform ins Lager. Über 300 von ihnen wurden außerhalb unserer Sichtweite aufgestellt und erschossen. Während der Erschießung mußten wir auf dem Appellplatz stehen und singen, offensichtlich, weil wir die Schüsse nicht hören sollten. Mein Vater war damals bei dem Arbeitskommando „Fuhrkolonne", das heißt, 25 bis 30 Menschen mußten an Stelle von Pferden einen Pferdewagen ziehen. Mein Vater führte auch die erschossenen russischen Kriegsgefangenen zum Krematorium und da das Krematorium diese Leichen nicht faßte, brachte die SS ein fahrbares Krematorium auf den Appellplatz und vor uns wurden die Leichen verheizt.

Dann ließ die SS in einem ehemaligen Pferdestall eine Genickschußanlage einbauen. In kürzester Zeit wurden dort 7.000 Russen erschossen. Wir waren von diesen Vorgängen unterrichtet, weil im Krematorium ja wieder Häftlinge eingesetzt waren und die Pedanterie des Lagersystems auch sie zwang, am Appellplatz zu stehen, weil alle Häftlinge täglich zweimal – die Lebenden stehend, die Toten neben uns liegend – abgezählt wurden.

Im Oktober 1942 kam der Befehl – das war nach der Wannseekonferenz –, daß alle Juden nach Auschwitz transportiert werden. Alte Häftlinge sagten mir, daß mein Vater auch nach Auschwitz käme und daß er höchstwahrscheinlich, wie alle anderen auch, vergast werden würde. Ich aber könnte, da es für Häftlinge, die im produktiven Einsatz standen, eine Ausnahme gäbe und da ich Maurer war und gebraucht wurde, in Buchenwald bleiben. Wenn mein Vater umgebracht werden würde, wollte auch ich nicht mehr leben! Inzwischen hatten wir erfahren, daß meine Schwester mit 20 Jahren ermordet worden war und auch die Mutter. Die war vergast worden. Ich war ganz demoralisiert!

Wie haben Sie erfahren, daß Ihre Mutter vergast worden ist?

Die Mutter ist mit einem Transport nach Minsk gegangen. Darüber haben wir gesprochen, ich kann heute nicht genau sagen, wieso. Im Lager hat es unter den alten Häftlingen eine Organisation gegeben, die waren scheinbar über alles informiert. Der Maurerkapo, ein gewisser Robert Siewert, hat mich gerufen und zu mir gesagt: „Es ist ein Brief gekommen, von der Mutter, nach der Verhaftung. Die ist vergast." Näheres weiß ich nicht.

Ich ging also freiwillig mit meinem Vater nach Auschwitz. Gleich bei der Ankunft sind wir, 1.000 Menschen, mit viel Glück der Vergasung entgangen. 400 waren wir aus Buchenwald, woher die anderen 600 waren, weiß ich nicht. Unter uns war ein bayrischer Häftling, Fritz Sondhelm – wir nannten ihn Bauernschreck –, der sich schon seit 1933 in Konzentrationslagern befunden hat! Er stammte aus demselben Ort wie Aumeier, der Lagerführer von Auschwitz, und die beiden kannten einander. Bauernschreck meldete sich bei Aumeier und offensichtlich rettete der uns aus irgendeiner „Sentimentalität" dem Bauernschreck gegenüber, denn plötzlich kam ein SSler und schrie: „Die Juden gehen nicht ins Gas!"

So waren wir zunächst gerettet. Aber eine Woche später wurden doch 100 geschwächte und alte Kameraden aus unserem Transport ausgesucht und ins Gas geschickt. Unter ihnen war der sozialdemokratische Abgeordnete Reismann, nach dem in Wien der Reismann-Hof benannt ist.

In Auschwitz hieß es, daß Juden nie länger als drei Monate überleben würden. Das hatte zur Folge, daß uns Häftlinge, die keinen Stern tragen mußten, noch weniger Essen gaben, als uns zustand, weil sie dachten, daß es für uns ja ohnedies aussichtslos war, durchzukommen. In meiner Verzweiflung meldete ich mich bei einem SS-Offizier, obwohl mir alle davon abrieten und gab an, daß ich Maurer war. Er rief aus: „Was, ein Jud', ein Maurer! Das hab' ich noch nie gehört!" und ließ den Rapportführer Palitsch kommen. Der schrie mich an: „Ich sag dir was, wir werden das prüfen und wenn du nicht mauern kannst, wirst du erschossen!" Nun, ich mußte einen Pfeiler bauen und der Palitsch sagte sinngemäß: „Das darf ja nicht wahr sein, ein Jud' und ein Maurer!"

Warum war der so verwundert, daß Sie mauern konnten?

Die Nazis verbreiteten viele Lügen, zum Beispiel, es gäbe nur Kapitalisten-Juden, das heißt, nur reiche Juden oder, Juden wollten nichts arbeiten. Ich wurde also wieder als Maurer eingesetzt und blieb über zwei Jahre in Auschwitz Maurer. Ab Dezember 1942 wurden auch einige Juden für den Aufbau von Auschwitz II herangezogen. Das ist jenes Lager, das Birkenau hieß. Dann arbeiteten wir auch noch für die IG-Farben, in Monowitz.

Ich habe gehört, daß Juden in Auschwitz normalerweise gleich umgebracht wurden. Wieso hat es diese Ausnahmen gegeben?

Ihr müßt bedenken, je heftiger der Krieg geführt wurde, desto mehr Arbeitskräfte haben die Nazis für die Kriegsindustrie gebraucht. Trotzdem sind Juden normalerweise gleich umgebracht worden. Warum gerade wir die Ausnahme waren, kann ich nicht sagen. Wahrscheinlich war es reines Glück, nichts anderes! – Oder die Willkür der SS! Bei den IG-Farben waren wir willkommen, weil wir Deutsch sprachen, im Gegensatz zu den meisten polnischen, russischen und anderen Häftlingen. Damit die SS uns paar Juden als Arbeiter, die ja mit Judensternen herumliefen und mit denen sie sich in deutscher Sprache verständigen konnten, beibehalten konnten, wurden 16 von uns zu „Ariern" gemacht, das heißt: 16 von uns mußten keinen Judenstern mehr tragen. Unter ihnen war mein Vater, nicht aber ich. Man darf sich nicht vorstellen, daß sich jetzt für ihn etwas Wesentliches geändert hätte. – Jetzt war er halt als Arier im KZ.

Die Arbeit in der Fabrik gab mir zum ersten Mal die Möglichkeit, in Kontakt mit Menschen zu kommen, die nicht zur Wachmannschaft gehörten. Ich lernte einen Feldwebel kennen, Träger des Eisernen Kreuzes erster Klasse und der Ostfrontspange. Im Krieg verwundet, machte er nun hier in der Fabrik seinen Einsatz. Er fragte mich einmal, was ich verbrochen habe, daß ich Häftling in Auschwitz war. Zuerst war ich unsicher, ob es sich nicht um eine Provokation handelte. Ich dachte mir, daß er vielleicht wollte, daß ich etwas Unvorsichtiges sage, das mir das Leben kosten würde. Schließlich fragte ich ihn, ob er nicht meinen Judenstern sieht. Er meinte, das sei ja kein Grund, daß man mich ins Konzentrationslager sperrt. Ich antwortete, daß er scheinbar überhaupt keine Ahnung hat, was sich da abspielt. Ich forderte ihn auf, er soll doch selbst ins Lager nach Auschwitz gehen und sich von den Verhältnissen ein Bild machen, er würde sehen, wie die Häftlinge von der SS in den elektrisch geladenen Stacheldraht getrieben werden usw. Er schlug das alles in den Wind, er wollte mir nicht glauben. Aber offensichtlich hat er sich später doch von der Wahrheit überzeugt, denn eines Tages sagte er zu mir: „Du, mit diesen Dingen habe ich nichts zu tun! Dafür hab' ich nicht an der Front gekämpft!" Dieser Mann distanzierte sich nicht nur von „diesen Dingen", sondern begann, uns Häftlingen sehr zu helfen, mit Lebensmitteln, Zigaretten und anderem.

Eines möchte ich besonders hervorstreichen: Zu Weihnachten 1943 hat er uns zwei Koffer Lebensmittel, die Bekannte meines Vaters in Wien für uns gesammelt hatten, gebracht. Es war gar nicht einfach, Lebensmittel zu sammeln, weil der, der etwas hergab, auch ins KZ gekommen ist, wenn die Nazis ihn erwischt haben. Dieser „Bekannte" hat außerdem meinen nicht jüdischen Verwandten in Wien Post zukommen lassen. Auf diese Weise half er auch unserer Häftlingswiderstandsorganisation.

Ein anderes Mal haben mich Zivilistinnen auf meiner Baustelle gefragt, was da in Auschwitz los ist. Das war zu einer Zeit, als das Krematorium Tag und Nacht geraucht hat. Sie fragten mich, wie groß das Konzentrationslager ist. Meine Antwort: „Ich weiß es nicht, es sind ungefähr 10.000 Leute, vielleicht 15.000 Häftlinge hier." Darauf haben sie gesagt, ich soll mich nicht verstellen, es fahren doch jeden Tag durch die Eisenbahnstation Auschwitz Züge mit zahlreichen Waggons und alle fahren ins Lager. Aber die sind in das Lager Auschwitz-Birkenau gefahren und dort waren die großen Vergasungsanstalten. Zu uns ins Stammlager sind nur die „Ausgesuchten" gekommen. Die Zivilistinnen erzählten von den vielen Frauen und Kindern, die sie gesehen haben. Uns war nun völlig klar, daß die alle vergast worden sind. Aber wir haben darüber nicht reden wollen, denn dieses Thema zu behandeln, hat natürlich das Todesurteil bedeutet.

Einen Tag vor meinem 20. Geburtstag mußten wir alle am Appellplatz antreten und ein Zivilist wurde blutverschmiert ins Lager gebracht. Es handelte sich um einen deutschen Zivilarbeiter, mit dem ich Kontakt hatte. Die SS hielt ihm vor, er wollte Häftlingen zur Flucht verhelfen und forderte jetzt von ihm, daß er auf jene zeigen soll, die er unterstützt hat. Er fand mich, zeigte auf mich und ich kam in die politische Abteilung der Gestapo in Auschwitz. Sie hängten mich dreimal je eine halbe Stunde an den Händen auf. Dann bekam ich 60 Stockhiebe über den Arsch. Die Gestapo wollte mir ein Geständnis abpressen, einmal, daß ich flüchten wollte, dann, wohin und mit wessen Hilfe. Dieses „Verhör" leitete übrigens ein Österreicher aus Kaltenleutgeben. Er hieß Grabner. Nach dem Krieg wurde er zum Tod verurteilt und hingerichtet, aber nicht wegen meines „Verhörs", sondern weil er mehrere tausend Menschen auf dem Block 11 erschießen ließ. Der deutsche Zivilarbeiter kam später als Häftling nach Auschwitz.

Jetzt erlebte ich eine großartige Hilfe von Freunden. Sie verschafften mir die Häftlingsnummer eines verstorbenen Kameraden, sodaß ich offiziell verstorben war und ich nahm die Identität des wirklich Verstorbenen an.

Ich glaube, ich kann nicht genug betonen, daß das Ganze nicht nur gegen die Juden gerichtet war, sondern außerdem gegen jeden, der nur im Geringsten sich nicht konform verhalten hat. Ich erinnere mich zum Beispiel jetzt gerade an einen Priester, der nach Buchenwald kam, weil er einmal in einer Predigt sinngemäß gesagt hatte, man brauche nicht alles glauben, was sich da abspielt und die Menschen sollten sich menschlich verhalten. Das war Grund genug, daß er ins KZ deportiert wurde. Hier mußte er drei Wochen lang bloßfüßig auf spitzen Steinen vor einer Stange mit einem SS-Kapperl vorbeigehen und dieses Kapperl mit „Heil Hitler" grüßen – solange bis er krepiert ist. Solche Methoden hatten die Nazis!

Wenn heute in unserer Demokratie jemand sagt: „Es gehört einer her, der Ordnung macht! Wir brauchen einen Führer!", dann kann ich nur sagen: Wir haben so eine „Ordnung" kennengelernt! Es ist jene „Ordnung", von der ich euch die ganze Zeit erzähle.

Im Jänner 1945, als die Rote Armee schon in der Nähe von Auschwitz war, wurden wir aus dem Lager hinausgetrieben: 50 Kilometer bis Gleiwitz. Wer nicht mehr können hat, wurde erschossen. In Gleiwitz wurden wir in offene Waggons verladen. Mein Vater kam in das KZ Bergen-Belsen und ich in das KZ Mauthausen. Hier mußte ich, jetzt ohne Judenstern, im Steinbruch arbeiten. Ihr wart ja in Mauthausen und habt die Stiege gesehen, deren Stufen heute ja schon entschärft, zurechtgehauen sind. Acht bis zehn Mal am Tag mußte ich über diese Stiege hinauf und hinunter, Steine schleppend. Das Granitpflaster der Wiener Straßen, das kommt alles aus dem Mauthausener Granitsteinbruch. Der Steinbruch hat ja schon vor 1938 bestanden.

Die Bedingungen im KZ Mauthausen waren sehr schlecht. Vor der Befreiung bekamen wir die letzten fünf Tage überhaupt nichts mehr zu essen! Trotz allem habe ich die Befreiung erlebt und überlebt. Am 5. Mai wog ich 36 Kilo. Ich kam sofort in ein Lazarett bei Gallneukirchen und dann nach Regensburg, wo ich im Verlauf von nicht ganz drei Wochen über 10 Kilo zunahm. Ich wollte nichts wie nach Wien. Mein Vater und ich hatten ausgemacht, daß wir uns, sollten wir überleben, in Wien treffen würden.

Am 28. Mai 1945 war ich in Wien, habe von meiner Familie natürlich niemanden vorgefunden. In unserer Wohnung waren fremde Menschen. Ich habe einige Zeit im Nebenhaus auf einem Strohsack in einem Kabinett geschlafen. Bereits am 5. August bin ich wieder arbeiten gegangen, habe als Maurer begonnen. Ich hatte ja überhaupt kein Geld. Als Maurer verdiente ich 150 Schilling monatlich, ein Kilo Schmalz hat 800 Schilling gekostet, eine Flasche Wein 400 Schilling. Aber das alles war nicht wirklich schlimm. – Wir waren so glücklich, denn wir haben den Krieg gewonnen! Wir haben überlebt und waren wieder Österreicher, Österreich war wieder unsere Heimat und wir waren in Österreich. Wir wollten nichts, als Wien, das sehr zerstört war, wieder aufbauen. Und trotz aller Freude und der vielen Hoffnungen war es für mich nicht einfach. Ich war als Kind ins KZ gekommen und hatte dort so viele Jahre sein müssen. Ich hatte Depressionen! Ich litt sehr unter Schwindel und dergleichen mehr. Endlich lernte ich meine Frau kennen und wir haben geheiratet.

Hat man Ihnen, als KZ-Häftling, denn nicht geholfen?

Ich habe da die Fürsorgekarte der Stadt Wien, „Wohlfahrtswesen für Opfer des Naziterrors". Ich möchte euch vorlesen, was darauf steht, damit ihr wißt, was es mit der Wiedergutmachung auf sich hat. – Es ist ein bißchen makaber. Ich habe gekriegt: am 20. Juni 1945 ein Paket Mannerschnitten, am 22. Juni ein Paket Linzerschnitten und 30 Mark, am 17. Juli eine Hose und einen Rock, alte Bekleidung und 30 Zigaretten usw. Das sind die Größenordnungen der Wiedergutmachung. Dann, 1960, habe ich für jeden Haftmonat

430 Schilling gekriegt, die später auf 860 Schilling erhöht wurden. Für mich war das viel Geld. Davon haben wir uns zum ersten Mal eine Wohnungseinrichtung gekauft. Aber Wiedergutmachung für sechs Jahre Konzentrationslager ist das sicher nicht. Ich rede nicht von den Torturen, ich rede nicht von den vielen Ermordeten. Ich rede nüchtern von dem Arbeitslohn für die Dauer von sechs Jahren, der mir ja, wie allen anderen Häftlingen ebenso, während der KZ-Zeit unterschlagen worden ist.

In meinem Beruf bekam ich sehr wenig bezahlt, denn ich wurde nur als angelernter Maurer eingestuft. Im KZ gab es keine Gesellenprüfung! Ich ließ mich dann als Dreher anlernen, arbeitete fünf Jahre lang im Akkord, um meine Familie ernähren zu können und ging nebenbei noch in den Abendkurs des TGM. Mit 36 Jahren hatte ich die Abendschule beendet. Ingenieur konnte ich aber nicht werden, weil ich ja keine Matura hatte.

Was ist mit Ihren anderen Familienmitgliedern passiert?

Mein Vater hat überlebt. Er wurde im KZ Bergen-Belsen befreit und kam Anfang September 1945 nach Wien zurück. Nun gut, in der ersten Zeit haben sich die Menschen sehr angebiedert an uns. Jeder suchte plötzlich einen jüdischen Freund oder einen jüdischen Verwandten, weil er glaubhaft machen wollte, daß er bei den Ausschreitungen nicht mitgemacht hat. Zurück zu deiner Frage: Mein kleiner um sieben Jahre jüngerer Bruder lebt heute noch. Er hatte von einer Freundin meiner Eltern ein Visum nach Amerika bekommen. Ebenso lebt eine meiner Schwestern jetzt in Florida. Beide wollten nicht mehr zurück und sind jetzt in Amerika zu Hause. Meine andere Schwester und meine Mutter wurden von den Nazis ermordet.

Ich habe euch vorhin gesagt, daß unser Transport 1.048 Wiener umfaßte, von denen insgesamt lediglich 26 überlebt haben. Von meinen Verwandten sind viele umgekommen.

Man hört auch, daß das mit den vielen Ermordeten nicht stimmt. Kann man das beweisen?

In Wien hat es vor 1938 180.000 Juden gegeben. Wo sind die hingekommen? Jetzt leben 7.000 hier und da sind schon die zurückgekehrten Emigranten dabei. 70.000 sind ausgewandert, nach Amerika, Israel und anderen Ländern. Wo ist der Rest? Wo sind die von den Transporten in den Osten? Sie werden doch nicht annehmen, daß meine Mutter, die nach Minsk, das heute in der Sowjetunion liegt, dort 40 Jahre lebt und nicht zurück nach Wien will, daß sie sich nicht einmal bei ihren Kindern meldet. Ich gehe da von der Praxis aus und solche Fälle, wie meine Mutter, gibt es tausende.

Verdrängen Sie eigentlich Ihre Vergangenheit?

Ich muß sie verdrängen. Im täglichen Leben muß ich bestimmte Sachen verdrängen! Ich werde die Vergangenheit natürlich nicht los, ihr habt ja gesehen, ich bin erregt, ich kann sie nicht loswerden, aber manches muß ich verdrängen. Mein Sohn sagt oft zu mir: „Papa, ich hör' von dir Geschichten, die hast du uns zu Hause nie erzählt." Ich kann ja nicht dauernd von Vergasten und Gefolterten erzählen, also muß ich schon verdrängen.

Aber man kommt immer wieder in Situationen, die verhindern, daß man verdrängt! Da gibt es sehr heikle Situationen! Ein Beispiel: Als ich mit meiner Ausbildung fertig war, bekam ich in einem Wiener Großbetrieb einen verantwortlichen Posten. Da hatte ich einen in meiner Abteilung, der SS-Mann in Mauthausen war. Da kamen die jungen Kollegen, so 24, 25 Jahre alt, und sagten: „Wie ist das gewesen in Mauthausen? Der Herr soundso erzählt, das war alles nicht so und Sie sagen gar nichts dazu!" Was soll ich in so einer Situation machen? Was meint ihr? Rausschmeissen, entlassen soll man ihn? Genau das war die Meinung des Betriebsrates. Er hat gesagt, ich soll mich beim Generaldirektor melden, daß der den Nazi raushaut.

Ich glaube, damit hätte man nichts erreicht, außer daß man einen „Märtyrer" geschaffen hätte und ich wäre das Gfrast gewesen. Und was glaubt ihr, wie's dann losgegangen wäre! In dem Moment bin ich nicht mehr „der Herr Kleinmann", sondern nur mehr der „Jud'"! Dann hätte es geheißen: „Der Jud' hat g'schaut, daß wir den Herrn soundso raushaun. Da sechts es!" Also, dann wäre ich wieder „ein Jud'"! Den Stern habe ich seit dem Hitler und habe ihn bis heute und krieg ihn nicht weg! Da kann ich machen, was ich will! Ich habe euch erzählt, daß ich durch so viele Jahre Abendkurse besucht habe und einen verantwortlichen Posten hatte. Mein Posten wurde mir nicht geschenkt, ich habe auf meine Freizeit verzichtet und in der Zeit, in der die anderen bei ihrer Familie waren, viel gelernt. Aber bei mir heißt es: „Siehst, der Jud' hat sich's gerichtet!", arbeite ich nichts: „Siehst, der Jud' läßt die anderen arbeiten!" Also, ich kann machen, was ich will, ich bleib der Jud'! Die jungen Kollegen und ich haben beschlossen, daß wir gemeinsam nach Mauthausen fahren.

Haben Sie den SSler aus Mauthausen gekannt?

Nein, ich persönlich bin in der Nazizeit diesem SSler nie begegnet. Also, in Mauthausen sage ich zu dem SSler: „So, du vergißt jetzt, wer ich bin. Wir schauen uns Mauthausen an, du erzählst alles, was nicht wahr ist, und ich werde gar nichts sagen." Er hat nur mehr versucht abzuschwächen, zum Beispiel: „Wer weiß, ob die da in Mauthausen wirklich 120.000 umgebracht haben!" Stellt euch das vor! Wißt ihr wieviele Einwohner der Bezirk hat, in dem ihr wohnt? Nein? Sagen wir, ein Wiener Bezirk hat im Durchschnitt 100.000 Einwohner. Jetzt stellt euch vor: Die Einwohner von Meidling werden in fünf Jahren ausgerottet, völlig ausgerottet und jetzt kommt einer und will mit dir handeln, ob es 20.000 mehr oder weniger waren! Also, in Mauthausen wurde in fünf Jahren ein ganzer Wiener Gemeindebezirk ausgerottet. Wir stehen in Mauthausen vor der Gedenktafel und der will mit mir handeln, ob es 120.000 waren oder „nur" 100.000! Was soll ich mit dem?

Ich habe mich nicht auf diese Diskussion über Zahlen eingelassen, und die Kollegen haben von allein gesagt: „Da kann etwas nicht stimmen! Es ist doch jetzt nicht die Zahl ausschlaggebend, sondern der Tatbestand ist entscheidend." Da habe ich ein gutes Gefühl gehabt! – So schaut mein Alltag aus! Und ich kann ja nicht jeden Tag kündigen, weil ein Nazi in der Firma ist!

Ein anderes Beispiel: Ich hatte einen Vorgesetzten, einen Diplomingenieur, der zu mir höchst anständig war. Er wußte, daß ich sechs Jahre im KZ war, und er sagte eines Tages: „Das hab' ich alles nicht gewußt! Ich war 28 Jahre und da war ich in der Partei und da haben sie mir einen Posten gegeben. Ich war Betriebsleiter. Aber so hab' ich mir das nicht vorgestellt!" Ich fragte: „Wie erleben Sie jetzt die Demokratie?" Er: „Ich will mich nicht entschuldigen. Ich war in der Partei. Das ist alles." Mein Vorgesetzter war in der Hitlerzeit Betriebsleiter in den Saurerwerken, wie er mir sagte, und die Saurerwerke in Wien hatten Häftlinge des KZs Mauthausen. Waagner-Biró und noch viele andere Betriebe in Wien und auch anderswo hatten Nebenlager von Mauthausen. KZ-Häftlinge arbeiteten in diesen Betrieben, und die Betriebe zahlten ein Spottgeld, nicht an die Häftlinge, versteht sich, sondern an die SS.

Ich fragte: „Haben Sie, wenn die Häftlinge bei Ihnen gearbeitet haben, haben Sie jemals einen Tschick genommen und ihn bei der Maschine liegen lassen? Vielleicht hat es einen Raucher gegeben, der..." Er unterbrach mich: „Nein! Wie kommen Sie auf die Idee? Warum soll ich? Das waren ja Feinde!" Verstehen Sie, wir waren seine Feinde! Und das sagt er noch heute so! Also war er durch und durch ein Nazi! – Ich zu ihm: „Jetzt werde ich Ihnen etwas sagen: Nicht nur, daß Sie ihm keinen Tschick haben liegenlassen, ihr habt von der Partei den Auftrag gehabt: ‚Den Tschick hinunterhauen auf den Fußboden und drauftreten, daß keiner überbleibt für die Untermenschen!'" Mein Vorgesetzter: „Ja, wissen Sie, Sie sind eigentlich der Erste, der mir das so sagt. Das ist mir so überhaupt nicht zu Bewußtsein gekommen." Ich erzähle euch jetzt natürlich nur einen Ausschnitt des Gesprächs. Ich habe ihm noch gesagt: „Man muß ja nicht gleich einen erschlagen oder vergasen."

Das menschliche Gefühl, das die Christen mit „Nächstenliebe" bezeichnen, das war nicht da. Es war kein Mitgefühl da! Und ich rede jetzt gar nicht davon, daß kein menschliches Gefühl für Juden da war. Ich habe so fürchterliche Erlebnisse, was man auch Christen angetan hat! Es war auch kein Mitgefühl für Christen, für sogenannte Arier da, von wenigen, sehr wenigen Ausnahmen abgesehen. Man brauchte kein Held zu sein, um eine winzige Geste zu machen.

Sie erzählen nur von dem Furchtbaren, was die Nazis gemacht haben. Aber die Alliierten haben ja auch Furchtbares gemacht!

Ich will jetzt auf diese Frage gar nicht im einzelnen antworten. Ich glaube, zwei Fakten genügen: Erstens, gab es bei den Alliierten keine Konzentrationslager. Selbst die deutschen Kriegsgefangenen wurden „nobel" behandelt. Sie wurden weder vergast noch anders ermordet. Zweitens, du denkst vielleicht an die Bombardierung von Dresden, die manche mit der Schuld der Nazis gerne aufrechnen möchten: Hitler hat den Krieg entfacht, nicht die Alliierten! Sie haben uns alle von einer schrecklichen, grausamen Diktatur befreit. Wenn sie etwas falsch gemacht haben sollten, dann täte mir es leid, denn ich bedauere jeden Unschuldigen, der umgekommen ist. Aber keinen ihrer Fehler kann man nur annähernd auf eine Stufe mit den Verbrechen der Nazis stellen. Man kann das vielleicht am besten damit vergleichen: Der vielleicht nicht immer ganz geschickt arbeitende Feuerwehrmann, vielleicht der langsame Feuerwehrmann, der unter Einsatz seines Lebens einen verheerenden Brand löscht, ist doch nie auf eine Stufe mit dem Brandstifter zu stellen!

Was hat Ihnen im KZ die Kraft gegeben, durchzuhalten? Was hat Sie aufrecht erhalten?

Ganz, ganz wichtig für mich war, daß sich immer wieder unzählige ältere Häftlinge, besonders Kommunisten, meiner angenommen haben. Sie haben mich geschützt, bevorzugt, umhegt, soweit es unter den Umständen möglich war, weil ich ein Bub war. Diese unglaublich schöne Kameradschaft war keine Garantie für irgend etwas! Es ist ein reiner Glücksfall, daß ich einer der 26 bin, die unseren Transport überlebt haben. Wenn ich das sehr vulgär ausspreche: Ich bin dem Tod schon einige Male von der Schaufel hinuntergerutscht.

Ich habe auch Phasen gehabt, das sage ich euch ganz offen, in denen ich Selbstmordabsichten hatte. Aber, ich hatte das Glück, daß mein Vater in der Nähe war. Er hat mir sehr viel Stütze gegeben. Als wir einmal eine ganze Nacht bei Minus-Graden – die genaue Temperatur wußten wir natürlich nicht – im Freien stehen mußten, hat er sich zu mir durchgeschwindelt und hat gesagt: „Bub, beweg dich, du erfrierst.", hab' ich gesagt: „Papa, wie lange halten wir das aus?", sagt er: „Bub, beweg dich, da haben wir schon andere Sachen durchgemacht. Wir müssen das überstehen."

Ich habe gehört, daß nach dem Krieg in den verschiedenen Prozessen gegen Naziverbrecher nur ganz wenige verurteilt wurden. Warum war das so?

Ich möchte euch nur von ein paar Schwierigkeiten bei diesen Prozessen erzählen. Das Wichtigste: Die meisten Zeugen sind umgebracht worden! Aber die, die überlebt haben, konnten häufig nicht das präzise Datum und nicht die präzise Uhrzeit angeben. Man hat ja kein Tagebuch in den Konzentrationslagern geführt! Man durfte selbstverständlich keines führen! Man hatte weder Bleistift noch Papier. Wenn jemand mit einer persönlichen Aufzeichnung erwischt worden wäre, hätte ihm das das Leben gekostet. Die Verteidiger der Nazis standen auf und stellten den Zeugen Fragen, wie zum Beispiel: „An welchem Kalendertag hat sich das ereignet? Wann war das? Um wieviel Uhr war das? Wie weit ist er von Ihnen entfernt gewesen? Wie war seine Kleidung?" So ähnlich wurde gefragt, das heißt, lauter Details. Es ist klar, daß man nach vielen Jahren KZ häufig nicht das Datum und nicht die Uhrzeit angeben konnte. Man durfte nicht nur keine Aufzeichnungen machen, man durfte selbstverständlich keine Uhr und keinen Kalender haben. So wurden „mangels an Beweisen" viele freigesprochen, von denen oft einige Überlebende wissen, daß sie Mörder sind.

Haben Sie die Leute gefunden, die Sie in Wien verhaftet haben?

Vier Leute waren das. Der eine hat zur Zeit meiner Verhaftung in unserem Haus gewohnt, die anderen haben in den Häusern in der Umgebung gewohnt und als wir zurückkamen und in das Nebenhaus des Hauses, in dem wir früher gewohnt hatten, gezogen sind, brauchten wir die vier nicht zu finden, denn sie haben nach wie vor gewohnt, wo sie schon immer gewohnt haben.

Jetzt sage ich euch etwas, was mich sehr bedrückt: Während der vielen Jahrzehnte ist niemals einer gekommen und hat so oder so ähnlich gesagt: „Es tut mir eigentlich leid, was mit eurer Familie geschehen ist." – Nichts! Aber einer der vier hat sich über mich einmal bei einer Nachbarin beklagt: „Hörst, der Fritzl tut nicht einmal grüßen!" Ich war damals 40 Jahre alt und der hat noch kein einziges Mal gesagt: „Hörst, ich war damals bei der Partei, Blödsinn." oder etwas Ähnliches. Ich will ja nicht, daß er sich vor mir auf den Boden wirft, er braucht ja nur zu sagen: „Ich habe mir das anders vorgestellt. Es tut mir leid, was mit deiner Familie geschehen ist."

Ella Lingens

Das Versprechen

Mein allererster Schreck war, als im Jahr 1930 die Nachricht kam, daß eine ganz kleine Partei in Deutschland, von der ich vorher gar nichts gehört hatte, plötzlich über 100 Mandate erobert hat. Daß die Nationalsozialisten von einer kleinen Zahl, quasi aus dem Nichts, auf über 100 in die Höhe gekommen sind, machte mir Angst! Alarmiert lieh ich mir Hitlers „Mein Kampf" aus und habe dieses Buch im Jahr 1930 – damals war ich 22 Jahre alt – von A bis Z gelesen. Dann war mir klar, was uns bevorstand.

Wenn man immer wieder behauptet, man habe dies alles nicht wissen können, so muß ich ganz deutlich sagen: Jeder konnte es wissen! In Hitlers Buch ist die planmäßige Vernichtung des Judentums, die Beherrschung ganz Europas und damit, wie es damals hieß, die Säuberung Europas von den Juden niedergeschrieben. Es hat Leute gegeben, ich weiß nicht, ob es sie noch immer gibt, die gesagt haben: „Ja, wenn der Führer von den Greueln gewußt hätte, dann hätte er sie unterbunden." In „Mein Kampf" konnte man damals schon alles lesen; abgesehen davon, daß ja Dokumente aufliegen, die zeigen, daß das alles auf seinen Wunsch hin und mit seiner Billigung erfolgt ist.

Ich war schon in sehr jungen Jahren eine überzeugte Sozialistin und besuchte die diversen Veranstaltungen. Ich erinnere mich an ein Referat des sozialdemokratischen Abgeordneten Leuthner zur politischen Lage. Ich meldete mich in der anschließenden Diskussion: „Sie sprechen ja gar nicht zu dem, was da draußen passiert und was sicher zu uns auch hereinkommen wird!" Er antwortete sehr väterlich: „Junges Mädchen, wenn der Zirkus Hagenbeck nach Wien kommt, gibt es vorher viele Plakate und Lichtreklamen. Da steht überall ‚Hagenbeck‘ und da kann man glauben, daß Wien im Zeichen von Hagenbeck steht. Aber das dauert nur drei Tage lang. Es gibt eine Vorstellung. Dann zieht der Zirkus wieder ab und nichts ist davon übrig." Ich war von den Politikern sehr enttäuscht. Viele, sehr viele unterschätzten die Gefahr in den Anfängen und konnten später, als sie groß geworden war, nichts mehr machen.

Im VSM, dem Verband Sozialistischer Mittelschüler, gab es viele Juden und auch „gemischte" Ehen. Viele Junge, die wußten, in welcher Gefahr sie waren, konnten weg. Die Älteren sind dageblieben, weil die Jungen sagten: „Wir müssen draußen eine Existenz schaffen, dann lassen wir euch nachkommen." Ich spreche vom „Anfang", als es „lediglich" hieß: „Die Juden sollen weg!", als selbst noch die nationalsozialistischen Kreise den Juden „erst" anschafften: „Geht doch nach Palästina!" Aber die Araber wollten sie nicht einlassen.

Unsere Freunde, die weggefahren waren, hatten uns ihre Eltern anvertraut, wir sollten uns um sie kümmern. So haben wir sehr nahe erlebt, wie es ihnen ergangen ist. Es fing mit Diskriminierungen und mit Verboten an. Auf den Parkbänken stand: „Juden dürfen hier nicht sitzen". Lediglich am Kai, dort wo der 31er fährt, gab es einen kleinen grünen Flecken mit drei, vier Bänken, auf denen Juden sitzen durften. Alle anderen Gärten und Parks waren für sie verboten. Sie durften nicht einmal in der Straßenbahn fahren. Dann wurden Juden aus ihren Wohnungen ausgewiesen und umgesiedelt. Oft hatte nun eine ganze Familie in einem einzigen Zimmer zu wohnen. Es wurden ihnen Lebensmittelkarten mit einem „J" zugeteilt. Juden erhielten viel kleinere Rationen als Nichtjuden. Manche wollten trotzdem nicht wahrhaben, was passierte.

Ich trage nach: Im März 1938 heiratete ich. Mein Mann und ich studierten Medizin und beide waren wir knapp vor dem Abschluß. Mein Mann wollte unter dem Nazi-Regime nicht leben und wollte ins freie Ausland. Ich war der Überzeugung, daß ein paar anständige Leute doch wohl auch hier bleiben sollten und sagte zu meinem Mann: „Wir können denen doch nicht das Land völlig überlassen." Wir einigten uns hierzubleiben und mein Mann schlug vor: „Aber eines versprechen wir einander: Wenn jemand unsere Hilfe braucht, werden wir nie ‚nein' sagen." An dieses Versprechen haben wir uns stets gehalten. Zunächst versorgten wir, soweit es möglich war, die Eltern unserer Freunde mit Lebensmitteln, da, wie gesagt, die Rationen für Juden noch wesentlich kleiner waren als für Nichtjuden.

Bevor ich nun dramatische Ereignisse erzähle, muß ich vorausschicken, daß mein Mann und ich uns damals viel sicherer als andere fühlten. Mein Schwiegervater war bis zum Jahre 1937 Polizeipräsident von Köln gewesen, übrigens der einzige Polizeipräsident ohne Parteimitgliedschaft. Der älteste Bruder meines Mannes war einmal in München verhaftet worden, der Schwiegervater sauste an und forderte: „Gebt mir meinen Sohn heraus." Nach zwei Tagen war der wieder frei. Das gab uns das Gefühl, daß wir uns mehr exponieren können und daß uns der Schwiegervater, falls es kritisch wird, hilft. Aber er starb 1940.

Im Herbst 1938 wurde die sogenannte Kristallnacht inszeniert, das habt ihr ja wahrscheinlich gehört. Die Nazis organisierten eine sogenannte spontane Volkserhebung. Die jüdischen Geschäfte wurden gestürmt, es

74

kam zu schrecklichen Ausschreitungen gegen Juden. Später dann wandten sich jüdische Freunde an uns, die flüchten wollten. Zunächst war es ein Freund, der es abgeschlagen hatte, für die Gestapo als Spitzel zu arbeiten. Wie ist es dazu gekommen? Er war Ingenieur und konnte in Österreich keine Arbeit finden. Da bekam er ein Angebot aus der Sowjetunion und nahm es natürlich an. Im Zuge einer der vielen Säuberungswellen unter Stalin wurde auch er in ein Gefängnis gesperrt, in dem man vor allem ausländischen Häftlingen unter sehr starkem Druck Geständnisse abpressen wollte, daß sie Spione wären oder sich subversiv betätigt hätten. Unser Freund, ein Freund noch aus den Zeiten des Jugendverbandes, hatte sich drei Jahre lang geweigert, solch ein Protokoll zu unterschreiben.

Dann kam der Hitler-Stalin-Pakt, der ja den Zweiten Weltkrieg erst möglich gemacht hat. Denn dieser Pakt besiegelte, daß Hitler sich mit Stalin verbündet hat, damit sie sich gemeinsam Polen aufteilen konnten. Die Deutschen marschierten von Westen und die Russen von Osten in Polen ein, und der Westen hat zwar sofort den Krieg erklärt, aber nichts getan. Im Hitler-Stalin-Pakt, eigentlich zwischen den beiden Außenministern, Molotow und Ribbentrop, geschlossen, war auch ein Gefangenenaustausch vereinbart: 20 inhaftierte Kommunisten sollten gegen 20 deutsche Ingenieure ausgetauscht werden.

Stalin legte Hitler herein: Unter den 20 deutschen Ingenieuren waren sechs Juden und das, obwohl bekannt war, was damals ein jüdisches Schicksal in Deutschland bedeutete. Unter diesen sechs war unser Freund. Die Nazis wollten aus ihm Kapital schlagen und gingen davon aus, daß einer, der drei Jahre in einem sowjetischen Gefängnis gesessen hatte, die Kommunisten hassen und als Spitzel der Gestapo in den kommunistischen Untergrund gehen würde und warben ihn an. Für unseren Freund kam das nicht in Frage. Er lebte zu diese Zeit bei einer Tante in Krakau, tauchte dann unter und es war ihm klar, daß er fliehen mußte. Durch die Vermittlung anderer Freunde wandte er sich mit der Frage an uns, ob wir ihm und anderen zur Flucht ins freie Ausland verhelfen könnten. Das war der Anlaß, daß wir uns für eventuelle Fluchtwege detailliert interessierten.

Es war gerade die Zeit, als wir Baron Lieben bei uns hatten. Lieben war zuvor schon in einer Schule im 9. Bezirk eingesperrt gewesen, die als Sammellager für Juden diente, von wo aus sie nach Polen deportiert wurden. Die Nazis hatten die jüdische Gemeinde gezwungen, einige Juden als „Judenpolizei" abzustellen. Ein „Judenpolizist", der eine Rolle bei der Einlieferung Liebens in das Sammellager gespielt hatte, ließ ihn gegen viel Geld wieder laufen. Derselbe verhalf Lieben dann auch zu seiner Flucht nach Ungarn. In der Zwischenzeit war er bei uns untergetaucht. Wir baten ihn, uns mit seinem Helfer zusammenzubringen.

Es war ein gewisser Klinger, ein Schauspieler und offensichtlich ein sehr guter, denn er wirkte auf uns wie ein seriöser und anständiger Mensch. Er sagte zu, daß er unsere Freunde, die ja noch in Krakau waren, wenn sie dann in Wien sind, über die Grenze bringen werde. Vorsichtshalber warteten wir, bis Lieben geflüchtet war und bis wir die absolut verläßliche Nachricht hatten, daß er heil nach Budapest gekommen war. Da seine Flucht gelang, vertrauten wir unserem Mittelsmann und riefen unsere Freunde aus Krakau nach Wien. Es kamen vier, die alle bei uns untertauchten. Sie bekamen von Klinger falsche Papiere und fuhren, seinen Anweisungen folgend, mit der Bahn nach Bregenz. Dort nahm sie jemand in

Empfang, der sie über die Grenze führen sollte. Tatsächlich führte er sie ein Stück in Richtung Grenze, aber plötzlich sagte er: „Gestapo" und verhaftete sie.

Damals wußten wir noch nichts von dem Verrat. Aber einige Tage später ahnten wir, was passiert war. Ich erzähle euch das so im Detail, damit ihr seht, was sich die Nazis mitten im Krieg – das alles ereignete sich im Jahr 1942 – für Mühe machten, was für einen Aufwand sie trieben, um lediglich ein paar Menschen zu schnappen.

Wir hatten den vier Flüchtlingen eine Hälfte eines in der Mitte auseinandergerissenen Briefpapiers mitgegeben und bewahrten die andere Hälfte auf. Wir hatten ausgemacht, daß sie, wenn sie in Sicherheit sind, uns auf ihrer Hälfte des Papiers schreiben werden. Wirklich erhielten wir Post von unseren Freunden, aber nicht auf dem vereinbarten Papier geschrieben. Außerdem war der Satz, „Wir sind gut in Zürich angekommen.", in einer Schrift geschrieben, aus der man erkannte, daß der Schreiber sehr aufgeregt war.

Allerdings war der Brief in Zürich aufgegeben. Also, haben die Nazis eigens einen Agenten nach Zürich geschickt, der den Brief in einen Briefkasten warf. – Dieser ganze Aufwand lediglich, um uns zu täuschen! Aber der Nazi-Agent war nicht ordentlich. Er frankierte den Brief zu gering und da die Schweizer Post sehr ordentlich ist, suchte sie den auf der Kuvertrückseite angegebenen Absender, „Goldstein, Limmatquai 5", damit er das volle Porto bezahle. An dieser Adresse fand sie aber keinen Goldstein und vermerkte daher auf dem Brief: „Goldstein, Limmatquai 5, unbekannt". Wir wußten also, daß alles gescheitert war.

Wir überlegten, was wir tun könnten. Mein Mann hatte sein Studium schon abgeschlossen, war als Arzt eingezogen worden und arbeitete in einem Lazarett in

Wien. Wegen der Lähmung eines Auges trug er eine schwarze Augenklappe und war dadurch so auffällig, daß ihn jeder, der ihn einmal gesehen hatte, sofort erkannte. Daher war es unmöglich unterzutauchen, und ich wiederum hatte die Idee, daß mir als „Arierin", als Frau und noch dazu mit einem kleinen Kind nicht soviel passieren könnte.

Wir wurden bald verhaftet. Mein Mann kam als Offizier vor einen Militärrichter, der empört war: „Was schickt die Gestapo einen jüdischen Spitzel hinter unsere Ärzte, die wir doch dringend brauchen. Ich gebe Ihnen vier Wochen Arrest. Das muß ich ja, mehr will ich nicht." Ich hingegen, die Zivilistin, obwohl ich Mutter eines kleinen Kindes war, mußte alles ausbaden. Das hatten wir eben nicht vorausgesehen. Während vieler Verhöre versuchte ich, alles so hinzustellen, als wäre ich ahnungslos. Es gelang mir nicht, mich herauszureden, die Gestapo wußte alles. Schließlich wurde ich in das KZ Auschwitz-Birkenau deportiert.

Wieso ist Ihrem Mann fast nichts passiert?

Es war eben nicht so, daß jeder ein sehr eifriger Nazi war und wenn man mit einem anderen Menschen konfrontiert wurde, hatte man Glück. Mein Mann war durch das gelähmte Auge nicht fronttauglich. Aber jetzt sagte man ihm, wenn er sich freiwillig an die Front meldete, bliebe er Arzt und Offizier. Er meldete sich also „freiwillig" an die Front und wurde trotzdem degradiert und in eine Strafkompanie gesteckt. Also, auch das war nicht „fast nichts"! Aber das Glück war, daß die Wehrmacht die Auslieferung an die zu Recht gefürchtete Gestapo abgelehnt hatte.

Wie hat man jemanden, der gefährdet war, versteckt?

78

Das wußten wir auch nicht! Das muß man sich überlegen. Einmal brachte uns ein Freund ein junges Mädchen, eine Jüdin, die wir aufgenommen haben. Sie wohnte bei uns zu Hause im Kinderzimmer, aber sie hielt es nicht aus, faktisch eingesperrt zu sein. Sie wollte auch an die Luft, Luft schnappen, in der Stadt herumgehen. Also, vereinbarten wir, daß sie strikt immer daheim bleibt, außer an zwei Tagen in der Woche. Da ging sie in der Früh weg und am Abend zur Schwester meiner Hausgehilfin, deren Mann an der Front war und die selbst eine absolute Anti-Nazi war. Dort schlief sie während der Nacht, am nächsten Tag konnte sie auch herumgehen, am Abend kam sie wieder zu uns und blieb den Rest der Woche. Wir wählten jedesmal verschiedene Wochentage, damit es nicht einer Hauspartei auffallen konnte, daß hier jemand regelmäßig kommt und geht.

Ein anderes Problem war die Verpflegung. Man bekam ja Lebensmittel und auch Kleider lediglich auf Karten. Das war alles streng kontingentiert: Pro Person soundso viel. Da mein Vater in Jugoslawien ein Gut besaß, bekamen wir von dort zusätzliches Essen. Abgesehen davon, waren wir mit einem Ehepaar, Herrn und Frau Lammer, befreundet, das uns half. Er ist schon verstorben, sie lebt noch. Als Lehrer mußten sie am Nachmittag in der Kartenstelle arbeiten, die Karten verwalten und verteilen. In jedem Rayon passierte es, daß Leute ihre Karten nicht behoben. Manche waren an der Front, manche übersiedelt, manche gestorben und einige dieser Karten, die die Lehrer als nicht behoben zurückgeben hätten müssen, haben sie uns gegeben. Sie dienten zur Ernährung unseres U-Bootes.

Ich kannte auch ein jüdisches Ehepaar, von dem die Frau sehr geschickt war. Der Mann war im Konzentrationslager Dachau. Die Frau kam immer wieder zu mir und verkaufte uns Lebensmittel. Und hier ein Beispiel für das Unvorhersehbare: Plötzlich sollte sie operiert werden. Es handelte sich um eine ganz harmlose Sache, einen kleinen Polypen. Bestimmte Privatkrankenhäuser, bestimmte katholische Häuser erkundigten sich nicht näher, wer zu ihnen kam. Ich weiß nicht mehr genau, ging sie ins Goldene Kreuz oder zu den Barmherzigen Brüdern. Wie es eben in Privatsanatorien üblich ist, mußte sie Geld hinterlegen, 1500 Mark. Außerdem hatte man eine Adresse anzugeben, damit jemand verständigt werden konnte, wenn etwas passierte. Sie gab die Adresse einer Freundin an.

Und jetzt passiert wirklich etwas, das Unwahrscheinliche: Sie bekommt eine Embolie und stirbt. Nun wird die Freundin als Erbin von 1500 Reichsmark ins Spital zitiert, und es hätte auffliegen können, daß die Verstorbene als U-Boot gelebt hatte. Der Spitalsverwalter war in Ordnung! Er sagte: „Ich rate Ihnen, gehen Sie zu dem und dem Notar." Der Notar gab wiederum den Rat: „Sie müssen für das Begräbnis mehr als 500 Mark ausgeben, denn wenn Sie weniger als 1000 Mark erben, dann kann ich Ihnen den Betrag formlos übergeben. Sonst müßte ich eine gerichtliche Abhandlung machen lassen." Nun, die Frau bestellte ein Begräbnis Erster Klasse.

Mein Schwager, der mit der Verstorbenen befreundet gewesen war, war zwar eingerückt, aber zum Studium beurlaubt, also ging er in voller Uniform zum Begräbnis. Dort fielen ihm sofort vier Männer in Trenchcoats auf und er war überzeugt, daß es sich um die Gestapo handelte. Er stand zitternd da und erwartete seine Verhaftung nach der Zeremonie. Plötzlich fingen die vier Männer zu singen an. Sie waren der Chor, der zu einem Begräbnis Erster Klasse gehört.

Also, ihr seht, der Spitalsverwalter hat mitgetan, der Notar, mein Schwager, natürlich die Freundin und niemand von denen, die noch Bescheid wußten oder etwas ahnten, hat denunziert. Das sollte man auch festhalten! In diesem Fall ist es noch gut ausgegangen. Aber das war Glück. In vielen Fällen ist es schlimm ausgegangen!

Wie hat man Auschwitz überhaupt überleben können?

Ich muß betonen, daß ich im Lager zu jenen gehörte, die sehr privilegiert waren. Erstens ging es den Nichtjuden viel, viel besser als den Juden, zweitens innerhalb der Nichtjuden ging es den Deutschen und Österreichern – die Österreicher galten als Deutsche – viel besser als den anderen, den Russen, Polen usw. Und drittens waren Ärzte besonders privilegiert. Diesen drei Umständen verdanke ich mein Überleben. Ich konnte vom zweiten Tag an als Ärztin arbeiten. Das bedeutete: einen besseren Arbeitsplatz, eine bessere Arbeit und auch einen besseren Umgang mit der Wachmannschaft.

„Mein" Transport nach Auschwitz bestand aus 34 Frauen, 14 Polinnen und Russinnen, 10 Jüdinnen und 10 nichtjüdische Deutsche. Nach einem Jahr waren alle 10 Jüdinnen tot, von den 14 Polinnen und Russinnen lebten nur mehr 7, von den 10 nichtjüdischen Deutschen außer mir nur noch eine, und das obwohl die Deutschen nicht von vornherein vergast oder abgespritzt wurden. Aber es sind viele nicht direkt umgebracht worden, sondern indirekt, weil sie an den allgemeinen schrecklichen Lebensverhältnissen zugrunde gegangen sind. Über das Schicksal meiner „Reisegefährtinnen" weiß ich deshalb so genau Bescheid, weil es mir ein Jahr nach meiner Einlieferung in Auschwitz möglich war, in der Schreibstube meine

Zugangsliste anzuschauen, wo immer auch vermerkt wurde, wer noch da war.

Für meine Person kommt noch ein besonderer „Glücksfall" dazu. Noch am ersten Tag wurden einige hervorgerufen, aus denen das Häftlingspersonal ausgewählt wurde. Wir mußten uns nackt ausziehen, kein Mensch wußte warum, aber es war einem schon alles egal. Jetzt stand man da und wurde einzeln zum SS-Arzt vorgerufen und mich fragte er: „Wo hast du studiert?" – Man wurde per du angesprochen, für mich völlig ungewohnt, aber das war schon eine völlige Kleinigkeit. Also, ich antwortete wahrheitsgemäß: „In München, Marburg und Wien." Er sagte, daß er auch zur selben Zeit in Marburg studiert habe und fragte: „Hast du mich da gekannt? No, da hat mich ja jeder gekannt!" Ich hatte ihn natürlich überhaupt nicht gekannt, dachte mir aber, daß, wenn ihn jeder gekannt hat, das Risiko nicht zu groß ist, ihn anzulügen: „Ja, aus der Ferne hab' ich Sie natürlich gekannt." Und das hat bewirkt, daß ich von ihm viel besser als die anderen, fast wie eine Kollegin behandelt wurde. Von solchen Zufällen hing alles ab!

Was heißt es, an den allgemeinen Lebensbedingungen zugrunde gehen?

Juden und Zigeuner kamen zum Teil gleich ins Gas. Die anderen Häftlinge wurden als Arbeitssklaven gehalten. Frauen wurden zum Beispiel gezwungen, in Teichen Schilf zu schneiden. Sie mußten den ganzen Tag bis zum halben Bauch im Wasser stehen und marschierten am Abend vom Teich ins Lager zurück. Sie konnten sich nicht waschen, ihre Kleider waren vollkommen naß, es bestand keine Möglichkeit, sie zu trocknen, weil der Ofen nicht geheizt war. Das heißt, sie verbrachten die Nacht in nassen oder zumindest feuchten Kleidern. Als Schlafgelegenheit gab es Stockbetten, jeweils drei übereinander. Die Matratzen waren Strohsäcke mit Holzwolle gefüllt. Da lagen Frauen zu dritt oder noch mehr auf einer einzigen Pritsche. Manchmal hatte man zu dritt, zu viert zwei Decken, oder gar nur eine.

Als ich in Auschwitz ankam, hatte es 20 Grad minus. Am nächsten Tag mußte man um 5 Uhr in der Früh auf und Appell stehen. Für viele hieß das, daß sie bereits ganz früh, wenn noch die Nachtkälte herrschte, eine Stunde lang mit feuchten Kleidern im Freien stehen mußten. Um 6 Uhr hieß es ausmarschieren, für die Schilfschneiderinnen zum Teich und dann sofort in das Wasser hinein.

Die Ernährung: In der Früh bekam man den einen Tag so etwas wie Tee, ich vermute, aus Eichenblättern oder Ähnlichem und den anderen Tag so etwas wie Kaffee, Ersatzkaffee natürlich, und einen viertel Wekken Kommißbrot; zu Mittag eine Eßschüssel Suppe mit mehr oder weniger Kartoffeln und Rüben drinnen, manchmal irgend etwas Spinatartiges und hie und da ein winziges Bröckerl Fleisch; abends, zu dem Stück Brot, das man in der Früh gefaßt hatte, eine Scheibe Wurst oder ein Stück Quargel oder einen Löffel Marmelade. Das war die Verköstigung für Leute, die schwerste körperliche Arbeit leisteten.

Es gab neben dem Schilfschneiden noch viele, viele andere Arbeiten, die sehr schnell die letzten Kräfte auszehrten, wie den Bau von Dämmen und Straßen, aber auch andere, die für die Häftlinge etwas günstiger waren. Im Lauf der Zeit wurden immer mehr Häftlinge in die großen Fabriken eingeteilt, die rings um Auschwitz errichtet worden waren, zum Beispiel von den IG-Farben oder den Union-Werken. Es waren Fabriken, die Rüstungsgüter herstellten. Wenngleich man auch hier als Sklave behandelt wurde, war man wenigstens in einem geschlossenen Raum, bekam, besonders wenn man eine höher qualifizierte Arbeit an einer relativ wertvollen Maschine verrichtete, ein bißchen zusätzliches Essen, gerade soviel, daß man etwas mehr leistete und die Maschine nicht kaputt machte.

Aber die Lebensbedingungen dieser Häftlinge waren lediglich wenig besser als die derjenigen, die in einem Sumpf Schilf schneiden mußten. Die Verpflegung betrug im Durchschnitt pro Tag nicht mehr als 1200 Kalorien. Man rechnet, daß ein Mensch, der eine schwere Arbeit verrichtet, mindestens 3000–5000 Kalorien braucht. Nun, so könnt ihr euch vorstellen, daß man körperlich bald herunterkommt, bis zu einem Stadium, wo man völlig apathisch wird. Man verliert den Lebenswillen, man verliert jegliche Kraft und Hoffnung und hat dann keine Chance mehr durchzukommen. Diese Menschen wurden von Zeit zu Zeit aussortiert und in die Gaskammern abtransportiert.

Und jetzt möchte ich euch etwas sagen, das mir sehr wichtig erscheint: Wohl ist es allgemein bekannt, daß der Nationalsozialismus mit seinem „Rassenwahn" operierte. Das ist eine völlig richtige Feststellung. Dieser Wahn hat eine sehr, sehr große Rolle gespielt, aber es gibt noch etwas anderes, das viel zu wenig bekannt ist. Der Nationalsozialismus war ebenso auf legitimierten Raubmord aufgebaut.

Der legitimierte Raubmord, die Möglichkeit, sich an den Habseligkeiten und an den Gütern anderer ungestraft und in einem unerwarteten Ausmaß zu bereichern, das hat die Leute in einen Taumel versetzt. Manche machten es im Kleinen, andere machten es im Großen. Das wird oft vergessen. Es war ein organisierter Raubmord, der die Rassentheorie dazu benützte, das Gebäude der normalen, menschlichen, bürgerlichen Hemmungen aufzuschließen, zu stürmen, es einstürzen zu lassen, um dann die reine Raub- und Mordlust bloßzulegen. Das hat in der sogenannten Freiheit begonnen, wo sich unzählige Menschen an den Habseligkeiten, an den Wohnungen der Juden bereichert haben, und Auschwitz war dasselbe, allerdings in ungeheuer gesteigerter Form. Das Leben der Arbeitssklaven hatte nur so lange Wert, solange sie arbeitsfähig waren. Alle die Betriebe, in denen die Häftlinge arbeiten mußten, hatten billigste Arbeitskräfte, auf die sie in keiner Weise Rücksicht zu nehmen brauchten.

Wie konnte Hitler überhaupt zur Macht kommen? Wie hat er in Österreich einmarschieren können?

Vor 1938 war in Österreich eine ganz große Wirtschaftskrise. Wenn man heute von einer Wirtschaftskrise spricht, dann ist das etwas sehr Harmloses im Vergleich zu jener Zeit. Es war eine irrsinnige Arbeitslosigkeit! Der Staat war ihr gegenüber faktisch machtlos. Man hat noch nicht die Methode angewandt, die der bekannte britische Nationalökonom Keynes vertrat, daß der Staat in der Flaute viele Aufträge erteilt, dadurch sehr viel Arbeit und Kaufkraft schafft und so die Konjunktur wieder in Gang bringt. Im Gegenteil, der Staat sparte und das Sparen hat dazu geführt, daß noch weniger Arbeit und Kaufkraft vorhanden war. Es gab ein riesiges Heer von Arbeitslosen, das keinen Ausweg sah, und es flogen – auch eine gewisse Parallele zu heute – relativ viele Korruptionsskandale auf. Beides hat die Leute sehr erbittert.

Kurz und gut: Es war der Boden für Demagogen bereitet, für Menschen, die kommen und sagen: „Ich bin ein eiserner Besen. Ich räume das alles weg!" Man muß verstehen, daß Leute, die in ganz trostlosen

Verhältnissen leben, weil sie keine Arbeit finden, nach irgendeinem Ausweg suchen und fast nach jedem Strohhalm greifen, der ihnen geboten wird, in Wirklichkeit aber nur scheinbar geboten wurde.

Diese riesige Arbeitslosigkeit hatte es auch in Deutschland gegeben. Und da sind zunächst die Kommunisten sehr angewachsen, haben viele, viele Stimmen bekommen. Die Großindustrie, die großen Banken hatten Angst vor einem Sieg der Kommunisten und finanzierten mit riesigen Mitteln die Nationalsozialisten. Hitler verstand es sehr gut, die Angst des Bürgertums vor dem Kommunismus auszunützen. Durch diesen Umstand und durch die Bereitschaft so vieler, jemandem bedingungslos zu folgen, der sagt: „Ich führ' euch heraus!", ist es ihm in Deutschland gelungen, die Macht zu ergreifen.

Hitler war in seiner Jugend in Wien. Er hatte eigentlich keine richtige Berufsausbildung. Sein Versuch, Künstler zu werden, scheiterte. Er wurde von der Akademie der Bildenden Künste am Schillerplatz abgewiesen. Es fehlte ihm die Begabung. Er brachte sich mehr oder minder gut mit Gelegenheitsarbeiten fort, wohnte im Männerheim und war ein gescheiterter Kleinbürger, gescheitert wie viele andere auch, und die haben ihn später als ihresgleichen empfunden.

Um jetzt auf Österreich zu kommen: Man sah hier die enormen Erfolge Deutschlands von 1933 bis 1938 auf wirtschaftlichem Gebiet. Hitler begann sofort mit einer gewaltigen Aufrüstung. Er machte das, was man heute deficit spending nennt. Er gab große Staatsaufträge, die die Leute beschäftigten, ihnen also Arbeitsplätze und Einkommen gaben. Mit diesem Einkommen kauften sie wiederum Waren und dadurch war auch die andere Industrie beschäftigt. Er führte, beginnend allerdings mit der Rüstung, tatsächlich einen großen Wirtschaftsaufschwung in Deutschland herbei. Da haben die Leute hier gesagt: „Denen draußen geht es gut, schließen wir uns doch an." Der Anschlußgedanke war schon 1918 lebendig, als die Monarchie zerfallen war und nun Österreich als dieser relativ kleine, überwiegend deutschsprachige Teil übriggeblieben ist. Man fragte sich, wie so ein kleines Land lebensfähig sein könnte.

Dann dürft ihr nicht vergessen: 1934 kam es zum Bürgerkrieg, der mit der Niederlage der Sozialdemokratie endete. Die Sozialisten gingen in den Untergrund. Die Sozialdemokratie war verboten. Es gab das Anhaltelager Wöllersdorf, in das illegale Sozialisten, aber auch illegale Nazis eingesperrt wurden. Ich will nichts verharmlosen, aber ich kann nur den Kopf schütteln, wenn Leute Wöllersdorf als KZ bezeichnen. Im Vergleich zu Auschwitz und jedem anderen deutschen KZ war es ein Sommercamp. Es wurde niemand umgebracht, niemand gefoltert, niemand wurde als Arbeitssklave ausgebeutet. Es fehlt also alles, was für ein nationalsozialistisches KZ charakteristisch ist. Es war eine Diktatur und die Hälfte der Bevölkerung war tatsächlich aus dem politischen Leben ausgeschlossen.

Schuschnigg, der österreichische Kanzler, rief kurz bevor Hitler in unser Land einmarschierte, ganz zum Schluß, zu einer Volksabstimmung auf, ob die Österreicher einen „Anschluß" an Deutschland wollten oder nicht. Hitler ist ihm, wie ihr vielleicht schon gelernt habt, mit seinem Einmarsch in Österreich zuvorgekommen. Die Ankündigung der Volksabstimmung durch Schuschnigg hat bei dem überwiegenden Teil der Österreicher ein Hochgefühl hervorgerufen, und ich bin sicher, und nicht nur ich, daß eine freie Abstimmung mit einer Mehrheit für Österreich geendet hätte.

Ihr habt bestimmt diese Bilder vom Heldenplatz gesehen: Hitler spricht vom Balkon und die Leute jubeln ihm zu. Nun, ich habe damals auch in Wien gelebt, und wer durch die Außenbezirke ging, sah wohl hie und da Hakenkreuzfähnchen, aber keineswegs in großer Menge. Viele Leute waren auf der Straße und jubelten, aber die, die nicht gejubelt haben, die entsetzt waren, die geweint haben, die waren zu Hause, die hat man nicht photographieren, nicht filmen können.

Ein Wort noch zum Antisemitismus, der ein Kernstück des Nationalsozialismus war: Hitlers Judenhaß entstand in Wien. Unter der Monarchie war es so, daß die Begabtesten und die Vitalsten in die Hauptstadt gezogen sind. Und ein großer Teil der vor allem aus dem Osten der Monarchie stammenden Juden ist in Wien geblieben und hat einen ungeheuren Beitrag zur Kultur, zur österreichischen Kultur geleistet. Das hat bei denen, die nicht Anteil an dieser Kultur hatten, Neid und Haß geweckt. – So weit ganz kurz zu deiner Frage. Man müßte sehr, sehr lange reden, um das vollständig zu erklären.

Haben Sie im KZ irgendwelche Nachrichten bekommen, was in der Welt vor sich geht, oder waren Sie total isoliert?

Birkenau war zwar Teil des Konzentrationslagers Auschwitz, aber als Frauenlager vom Männerlager streng getrennt. Einige Häftlinge waren zum Saubermachen der SS-Unterkünfte eingeteilt, und die SS hatte Radios. Manche dieser Häftlinge haben unter Lebensgefahr, wenn sie unbeobachtet waren, Radio gehört und sich auch anders Nachrichten verschafft. Ich weiß das nicht so genau. Jedenfalls gab es Kontakte zwischen dem Männerlager und dem Frauenlager. Das Leichenkommando ist herübergekommen und ein Trupp Tischler usw., und so sind Nachrichten zu uns gekommen.

Hat man im Lauf der Zeit irgendwie gelernt zu überleben?

Viele, viele Tausende konnten überhaupt nichts lernen, weil sie sofort umgebracht wurden. Die, die überlebt haben, mußten ihre Wohlerzogenheit ablegen, sonst wäre es aus gewesen. Gleich nach unserer Einlieferung brachte man uns in einen ehemaligen Pferdestall ohne Fußboden bei etwa 20 Grad unter Null. Nun, wir standen dort und warteten. Das war ein noch nicht benützter Block und in einer Ecke gab es eine Menge Holzscharten, die offenkundig beim Bau angefallen waren. Eine Frau aus unserem Transport sagte: „Kinder, machen wir ein Feuer!" Ich hatte immer noch so Gefühle von Ordnung, die ich mir dann abgewöhnt habe und sagte daher: „Du kannst doch nicht die Scharten, die dir nicht gehören, die vielleicht zu einem bestimmten Zweck da liegen, einfach nehmen und ein Feuer machen! Das kann man doch nicht!" Wir haben dann halt kein Feuer gemacht und weiter gefroren. Das war ein kompletter Unsinn! Wir hätten ruhig Feuer machen sollen, und wenn eine Aufseherin gekommen wäre und gesagt hätte: „Wer hat euch erlaubt, ein Feuer zu machen?", hätten wir sagen können: „Bitte, es war eine Aufseherin da und die hat es uns erlaubt."

Wenn man nicht versucht hat, einfach zu tun, was im Moment möglich war und einem das Überleben durch weniger Frieren, durch mehr Essen für, sagen wir, einen Tag gesichert hat, wenn man das nicht eisern gemacht hat, dann ist man nicht durchgekommen. Man mußte stehlen, was einem unter die Hände kam, man mußte lügen, wie immer es ging. Mit dem, was ich zu Hause gelernt habe, wie man sich benimmt und verhält, wäre ich nach ganz kurzer Zeit schon umgekommen. Ich habe lange gebraucht, nein, nicht sehr lange, aber ich habe doch einige Zeit gebraucht, bis ich das gelernt habe.

Wie haben Sie als Ärztin in Auschwitz gearbeitet? Wie war die Versorgung der Kranken?

Als ich in Auschwitz eingeliefert wurde, herrschte eine Epidemie. Gleich nach der Ankunft bekam jeder Häftling eine Nummer, ich die Nummer 36.088. Im Lager lebten damals etwa 20.000 Frauen, das heißt, daß 16.000 schon gestorben waren. Von den 20.000 Frauen befanden sich 7.000 im Krankenbau. Man gab uns so viel Medikamente, wie man sie für eine Bevölkerung von 20.000 einsetzt.

Nun sind aber bei einer normalen Bevölkerung von 20.000 Menschen vielleicht 500 krank, aber nicht 7.000. Bei einer Grippewelle, kann man rechnen, erkranken in einer Bevölkerung von 20.000 Menschen 1.000. Das ist lediglich eine Grippe. Unsere Kranken hatten aber so schreckliche Krankheiten wie Fleckfieber, Rotlauf, Bauchtyphus, Pemphigus. Bei Pemphigus bilden sich riesige Blasen auf der Haut, platzen, fallen ab und das Fleisch liegt bloß.

Wir bekamen nur eine ganz kleine Menge von Herzmitteln. Im Laufe der Zeit war ich so trainiert, daß ich bei Fleckfieberkranken ziemlich genau jenen Moment der Krise erkannte, wo die kontinuierliche Fiebertemperatur von etwa 40 Grad nach 14 Tagen zu fast einer Untertemperatur abfällt. Zu diesem Zeitpunkt spätestens braucht man ein Herzmittel, um über die Krise hinwegzukommen.

Ihr müßt euch vorstellen, was das für eine Situation

ist! Es hätten vielleicht 20 Patientinnen dieses Herzmittel gebraucht, und ich hatte vielleicht sechs oder sieben Ampullen. Wem gebe ich sie? Gebe ich sie einer ganz schwer Kranken? Denn die andere, die nicht ganz so schwer krank ist, kommt vielleicht auch ohne das Mittel durch. Aber vielleicht stirbt die ganz schwer Kranke trotz dem Mittel, und vielleicht verschlechtert sich der Zustand der Jungen, weil sie es nicht bekommen hat und sie stirbt auch. Dann habe ich zwei Tote. Also, soll ich es nicht lieber gleich der leichter Kranken geben und die schwerer Kranke sterben lassen? In meinem Block hatte man in einer Ecke Geisteskranke ganz einfach mit einem Strick abgesondert und sie dort vegetieren lassen. Auch die hatten alle Fleckfieber. Ihnen habe ich kein Herzmittel gegeben.

Das sind schreckliche Gedankengänge und schreckliche Entscheidungen. Natürlich sind das Probleme, die in unserer normalen Welt nicht existieren. Wenn wir eine Epidemie, sagen wir Fleckfieber, hereinbekämen, was in unseren hygienischen Verhältnissen Gott sei Dank nicht der Fall wäre, dann hätten wir so viel Medikamente, wie jeder braucht. Aber die Situation damals hat grausamste Gedankengänge mit sich gebracht, schreckliche Entscheidungen gefordert und das zählt mit zu den großen Problemen jener Leute, die überlebt haben.

Nun kam die SS auf den Gedanken, daß man eine Infektion am besten damit bekämpft, daß man die Erkrankten umbringt. Tote können niemanden mehr anstecken. So eine Welt war das damals! Aber ganz abgesehen davon, war die Überlegung auch sachlich falsch, denn die Laus, die sich am Fleckfieberkranken vor seinem Tod infiziert hat, bringt man nicht mit um, und der nächste erkrankt erst recht wieder, durch die

Laus. Es wurde also die Anweisung gegeben, daß Fleckfieberkranke vergast oder abgespritzt werden.

Wir hatten damals als Lagerarzt den SS-Arzt Dr. Rhode. Das ist der, der sich eingebildet hatte, daß wir einander einmal als Medizinstudenten in Marburg begegnet wären. Rhode schreckte vor diesem Morden, Vergasen oder Abspritzen, zurück. Obwohl es ihm anbefohlen war, entwickelte sich so eine Art stillschweigendes Übereinkommen zwischen uns, daß man das Fleckfieber als Grippe bezeichnete und einfach die Diagnose stellte: „Grippekrank, wird schon wieder gesund werden." Er wußte genau, daß es sich um Fleckfieber handelte, wollte es aber nicht wissen und akzeptierte die Diagnose Grippe. Das Wichtigste wäre gewesen, die Läuse wegzukriegen. Als wir von der Lagerleitung die Durchführung einer radikalen Desinfektion verlangten, um die Läuse zu vernichten, fragte sie: „Wozu, es gibt doch gar kein Fleckfieber?" Wir blieben also verlaust.

Ich schlug dann unserer Chefärztin vor, daß wir 500 Fleckfieberfälle melden sollten, aber nur von Funktionärinnen, von Schreibstubenleuten, Dolmetschern, Blockältesten, also Leuten, die von der SS als Lageradministration dringend gebraucht wurden. Ich dachte, daß die von der SS, weil sie für sie besonders nützlich waren, nicht umgebracht werden würden. Die Chefärztin befürchtete, daß die SS auch in diesen Fällen keine Ausnahme machen würde und das Resultat lediglich 500 mehr Ermordete wäre. Wir fanden keinen Ausweg.

Schließlich erkrankte ich selbst an Fleckfieber. SS-Arzt Dr. Rhode gab den Befehl: „Die Lingens darf nicht sterben." Das brachte die Chefärztin in eine furchtbare Lage, denn die Westeuropäer sind an Fleckfieber normalerweise nach zwei, drei Tagen gestorben. Nicht so die Polen und Russen. Die hatten mehr Abwehrstoffe im Blut, weil in ihren Gegenden das Fleckfieber noch epidemisch auftrat. Man hat sich um mich sehr bemüht und ich hatte das Glück, genügend Herzmittel zu bekommen. Ungefähr 80% meiner Fleckfieberpatienten sind an dieser Krankheit gestorben.

Haben Sie im Lager etwas von den Vergasungen beobachtet?

Ich kam am 20. Februar 1943 im KZ Auschwitz an. Im Sommer 1943 bin ich selbst, wie gesagt, an Fleckfieber erkrankt. Danach ist man wochenlang wie betäubt und weiß nicht, was um einen herum vorgeht. Auf diese Umstände ist es zurückzuführen, daß ich persönlich von den Vergasungen nicht früher erfahren habe.

Als ich wieder einmal schlaflos in großer Hitze in meinem Bett gelegen bin – ich hatte eines allein für mich –, hörte ich ein furchtbares Geschrei. Das war um 10 Uhr in der Nacht. Ich stand auf, obwohl es nicht erlaubt war und ging, durch das furchtbare Geschrei aufgeschreckt, aus dem Block hinaus.

Da sah ich die Lastwagen am Lager vorbeifahren zu einem Haus hin, nach einem Bauernhaus aussehend, aber mit einem hohen Kamin und hörte ununterbrochen das große Geschrei. Und eine Viertel Stunde später kamen die Flammen aus dem Kamin und der Rauch. Da war mir erst ganz lebendig klar geworden: Hier werden Menschen in Massen umgebracht! Das habe ich dann die ganze Zeit immer wieder erlebt, solange ich in Auschwitz war.

Ich glaube, es war im Mai 1944, als die Ungarntransporte kamen. Da wurden etwa 430.000 Ungarn selektiert, der Großteil sofort als arbeitsunfähig vergast und ihre Leichen verbrannt. Damals fuhr die

Bahn schon am Frauenlager vorbei bis fast zu den Krematorien. Dort mußten die Ungarn aussteigen, ein Teil mußte hinmarschieren. Sechs Wochen lang ist dieser schwarze, fettige Rauch ununterbrochen über dem Lager gewesen und die Flammen schlugen aus den Schornsteinen. Neben den Krematorien waren große Feuer. Da warf man kleinere Kinder lebendig direkt in die Flammen. Das haben Häftlinge, die gute Augen hatten, alles vom Lager aus hinter dem elektrisch geladenen Zaun gesehen.

Wurde jedem seine Häftlingsnummer eintätowiert?

Nein, die, die gleich von der Rampe aus in die Gaskammer geschickt wurden, haben keine Nummern eintätowiert bekommen. Auch nicht die nichtjüdischen Deutschen, sodaß zum Beispiel auch ich keine Nummer tätowiert habe. Offensichtlich haben die Nazis es nicht ausgeschlossen, daß Deutsche eventuell entlassen würden, und da sollte wohl die Bevölkerung die Tätowierung nicht zu sehen bekommen.

Waren Sie selbst bei Selektionen dabei?

Ich selbst habe bei der Einlieferung, wie ich euch ja schon gesagt habe, keine Selektion miterlebt, denn es wurden nur Transporte von Juden einer Selektion unterworfen. Aber selbstverständlich war ich Zeugin von vielen Selektionen. Ihr wißt ja, man hat nicht nur direkt von der Rampe von den Judentransporten die Schwachen, die Kinder, die Alten in die Gaskammern geführt, sondern die SS ging alle paar Wochen durch das Krankenrevier des Lagers und schaute, wer schon so heruntergekommen war, daß er nichts mehr leisten konnte. Von diesen wurden die Nummern aufgeschrieben und am nächsten Tag führte man sie ins Gas.
Der SS-Arzt Rhode hat sich vor solch einer Selek-

tion in der Regel angesoffen. Am nächsten Tag konnte man meist mit ihm diskutieren und sagen: „Diese und jene Frauen sind ja gar nicht so schwach, wie sie aussehen, sie werden wieder gesund." So konnte man ihm immer wieder Nummern entreißen. Die jüdische Häftlingschefärztin hat da viel erreicht – für den Moment, denn oft sind sie das nächste Mal wieder drangekommen und dann endgültig. Ich muß betonen, daß ich als „Arierin" und als Ärztin, die von den SS-Ärzten fast kollegial behandelt wurde, mir viel herausnehmen konnte. Ein anderer Häftling, der so etwas gewagt hätte, was bei mir eben kein so großes Wagnis war, wäre deshalb vielleicht selbst ins Gas geschickt worden.

Die Bestialität kennt immer noch eine Steigerung. Da war zum Beispiel die Frau Mandel, die Oberaufseherin aus Oberösterreich. Ich wurde einmal zu ihr vorgerufen und da stand eine Gruppe jüdischer Kinder, damals noch bei ihren Müttern, außerhalb des Drahtes bei der Wachstube. Die Mütter zitterten und fragten, was mit ihren Kindern geschehen werde, denn ihnen schwante Böses. Mandel kam heraus und gab zur Überraschung aller jedem Kind eine Rippe Schokolade. Am nächsten Tag hat dieselbe Frau dieselben Kinder persönlich ins Gas geschickt.

Haben Sie als Ärztinnen Widerstand machen können?

Unser „Widerstand", wenn man das so nennen will, hat darin bestanden, daß wir versucht haben, daß so viele wie möglich überleben. Nur ein Beispiel, damit ihr begreifen könnt, in welch schwierige Situationen man kam. Was heißt Situationen? Es war ein Dauerzustand mit fürchterlichen Problemen! Was macht man, wenn im Krankenrevier eine Selektion durchgeführt wird? Es gibt zwei Möglichkeiten: Einmal, man stellt die schwächsten Patienten nach vorne und versteckt die Stärkeren hinten, weil man sich sagt: Die Schwachen sterben sowieso, verstecke ich sie, sterben die meisten von ihnen von allein und statt ihnen werden die Stärkeren ins Gas geschickt, die vielleicht doch noch überleben könnten. Die zweite Möglichkeit war, daß man es umgekehrt machte. Da versteckte man die Schwachen, in der Hoffnung, daß die Stärkeren verschont, die Schwächeren nicht entdeckt werden und somit niemand ins Gas geschickt wird. Zu welcher Möglichkeit entscheidet man sich? Wißt ihr eine Antwort?

Nun, es hat Selektionen gegeben, da war die erste Möglichkeit die bessere, dann wenn die SS einfach befunden hatte: „Das Lager ist voll, ist überfüllt. Wir müssen Platz schaffen. Sagen wir, 2.000 kommen weg, werden ins Gas geschickt." Meistens aber wurden die Schwachen versteckt, eben in der Hoffnung, daß niemand ins Gas geschickt wird.

Mengele, von dem ihr sicher schon gehört habt, ist auf diese Strategie draufgekommen, ließ die Hauptärztinnen, alles Häftlinge natürlich, zu sich kommen und forderte: „Eine Liste Ihrer Patientinnen mit Diagnose und Prognose!" Unter Prognose verstand man lediglich die Zeit, wie lange der Patient noch arbeitsunfähig sein würde. Dann schaute er sich die Listen an und alle, bei denen geschrieben war: „Spitalsaufenthalt länger als drei Wochen.", hat er abgeräumt ins Gas. Die anderen Patientinnen, bei denen das Krankheitsende mit 14 Tagen prognostiziert war, ließ er sich kommen, und wenn das jemand schon ganz Elender war, herrschte er die Ärztin an: „Was Sie wollen eine Ärztin sein! So jemanden wollen Sie in 14 Tagen aus dem Spital entlassen! Die ist in sechs Wochen noch nicht so weit!" Nun, Mengele hat sich die Fälle gemerkt und nach 14 Tagen darauf bestanden: „Sie haben gesagt, nach 14 Tagen wird die und die entlassen. Also, wo ist sie jetzt? Ist sie entlassen?" Könnt ihr euch vorstellen, was das für ein Terror ist?

Hat es unter den Aufseherinnen nicht auch Frauen gegeben, die sich irgendwie dagegen gewendet haben, als sie gesehen haben, was geschieht?

Ich bin keiner einzigen Aufseherin begegnet, die sich gewehrt hat.

Aber, was geht in denen vor sich?

Ich weiß es nicht. Ich kann ein Beispiel bringen: Ich wurde einmal von einer jungen Aufseherin begleitet, die zu mir sagte: „Ich möchte mich eigentlich wegmelden, weil sehr schön ist es da nicht. Aber jetzt hab' ich schon so viel beisammen, daß ich mir eine Schwarzwälder Küche einrichten kann." Sie war verlobt und wollte für ihr Häuschen eine Schwarzwälder Küche haben. Solang sie das Geld in Auschwitz zusammengestohlen hat, hat sie es ganz gut gefunden, dort zu sein, sonst wäre sie nicht oder nicht so schnell zu ihrer Küche gekommen.

Wenn man so etwas erlebt hat wie Sie, welche Auswirkungen hat das auf heute?

Ich habe nur eine Frage: Wie verhindert man, daß Menschen wieder in eine Situation kommen, in der sie ihre Urteilskraft völlig verlieren und ebenso total ihre moralischen Skrupel? – Eine Antwort: Immer wieder die ungeschminkte Wahrheit berichten, vor allem, junge Menschen warnen.

Ferdinand Berger

Das Schlimmste: absolute Rechtlosigkeit

Als Bub war ich Mitglied der Kinderfreunde. Das ist eine sozialistische Organisation. Mit 16 Jahren und drei Monaten nahm ich an den Kämpfen des Februar 1934 teil. Ein Freund wurde an meiner Seite erschossen: Wir wollten uns gegen die Ausschaltung unserer Partei, gegen die Diktatur wehren. In eurem Alter, manche von euch sind vielleicht schon etwas älter, wurde ich zirka acht Tage nach den Februarkämpfen zum ersten Mal verhaftet. Man nahm mich wegen Hochverrats in Voruntersuchung, die aber eingestellt wurde, weil meine Großmutter als Zeugin stur behauptet hatte, daß ich zur fraglichen Zeit bei ihr gewesen war.

Ich empfand damals die Sozialdemokraten als zuwenig entschieden und schloß mich daher dem Kommunistischen Jugendverband an. Dann wurde ich einige Male verhaftet, unter anderem war ich sechs Monate in einem Anhaltelager bei Graz in Messendorf. Das viel bekanntere Pendant dazu ist Wöllersdorf. Diese Anhaltelager unter dem autoritären Regime in Österreich sind nicht mit den Konzentrationslagern der Nazis zu vergleichen. Es gab dort keine Erschießungen und keine Prügelstrafe, ja selbst das Essen war annehmbar. Mir war in der Folge sehr bald klar, daß man politisch jetzt nur mit der Vaterländischen Front zusammengehen konnte, obwohl sie im Februar 1934 auf uns geschossen und unsere Leute aufgehängt hatte, aber dennoch trat sie für Österreich ein und die Nazis nicht.

Von 1937 bis Februar 1939 kämpfte ich in Spanien an der Seite der Republikaner gegen die Franco-Diktatur. Nachdem wir verloren und Franco gesiegt hatte, flüchteten wir nach Frankreich. Dort wurde ich, nachdem die Deutschen Frankreich besetzt hatten, von den Deutschen gefangen genommen, allein deshalb, weil ich im Spanischen Bürgerkrieg gekämpft hatte. Dann kamen ich und auch andere in Etappen zu unserer Heimatgestapo, ich also nach Graz – ich mache das jetzt alles sehr kurz – und von dort in das KZ Dachau.

Auf dem Transport nach Graz befand sich auf der Strecke von Frankfurt am Main nach München in unserem Abteil ein Häftling, der schon vorher in Dachau gewesen war und zu einer Gerichtsverhandlung nach Frankfurt überstellt wurde. Er war unwahrscheinlich eingeschüchtert und furchtbar gierig aufs Essen. Sobald das bißchen kalte Verpflegung ausgegeben wurde, hat er sich wie ein Löwe draufgestürzt. Es war so schlimm anzusehen, daß ich mir dachte: „Das darfst du nie machen! So weit darfst du nie kommen!" Ich fragte den Kameraden: „Wie schaut es aus im Konzentrationslager? Worauf muß man aufpassen?" Lange Zeit hat er mir keine Antwort gegeben, hat mich nur groß angeschaut und sich wieder weggedreht. Dann sagte er: „Schau, ich kann dir nur eines sagen, du darfst nicht auffallen, weder im Guten noch im Schlechten. Du darfst nie ganz vorne stehen, du darfst nie ganz hinten stehen. Schau immer, daß du in der Mitte drinnen bist, das ist das Beste."

Daran hielt ich mich. Als wir auf dem Transport nach Dachau in München ankamen, stieg ich nicht als erster und nicht als letzter aus, sondern hielt mich in der Mitte. Die ersten und die letzten wurden von der SS sofort mit Faustschlägen und Fußtritten empfangen. Wir, die in der Mitte waren, kamen gut durch. Beim Abtransport auf Lastwagen in das Konzentrationslager Dachau hat sich dasselbe abgespielt. Die Lastwagen blieben vor dem Lagertor stehen und wieder haben die ersten, die letzten und die am Rand Prügel abgekriegt, aber nicht die in der Mitte.

In Dachau war der erste Gang zum Fotografieren. Jeder Häftling wurde bei der Einlieferung dreimal fotografiert, von links, rechts und von vorne. Der Fotoapparat stand am einen Ende des Zimmers und am anderen Ende befand sich auf einem Podium ein fixierter Sessel, der von einem SS-Mann mit einem Hebel gedreht wurde, sodaß man von vorne und den zwei Seiten schnell fotografiert wurde.

Wieder hielt ich mich an den Rat, mich nicht vorzudrängen. Ich beobachtete, daß jeder Häftling nach dem letzten Bild aufsprang, ganz so als wenn er von etwas gestochen worden wäre. Zunächst dachte ich mir: „Na gut, wir sind alle nervös, wer weiß, was in den nächsten fünf Minuten auf uns zukommt." Aber, da jeder wie von der Tarantel gestochen aufsprang, wurde mir klar, daß das nicht mit rechten Dingen zuging. Als ich fotografiert wurde, sprang ich nach dem letzten Bild ganz wenig früher auf und machte einen Blick auf den Sessel. Ich stellte fest, daß sich in der Mitte des Sessels eine Messingplatte befand, aus der eine Nadel herauskam, wenn der SS-Mann auf seinen Fußhebel trat. Falls die Nadel nicht in die Backe ging, sondern dorthin, wo der Kot abgeht, konnte dies eine Infektion nach sich ziehen und das konnte im Lager den Tod bedeuten. Aber ein Menschenleben zählte in Dachau nichts.

Und ihren Spaß hatten sie daran, die paar SS-Männer! Das zeigt das geistige Niveau der SS-Leute. Als ich zur Schule ging, machten wir uns einen Spaß, indem wir einen harmlosen Reißnagel auf die Bank legten, aber das machten wir einmal, immer zu Schulbeginn, und dann war der Spaß vorbei. Die SSler jedoch, erwachsene Menschen, machten das jahrelang und freuten sich darüber.

Wenn ich jetzt schildere, wie ein Konzentrationslager ausgesehen hat, so muß ich vorausschicken: Dachau war ein Musterlager im Sinn der SS, in dem übrigens die vielen SSler, die in anderen Lagern Funktionen innehaben sollten, vorher ausgebildet wurden. Dachau war auch das Vorführlager für Delegationen etc. Daß für einen solchen Fall alles vorbereitet war, daß der Besucher gar nichts Schlechtes sehen konnte, ist klar. Die Baracken waren picobello sauber, die Küche wirkte schön. Allerdings bekamen die Besucher nur einen kleinen, genau bestimmten und entsprechend präparierten Teil zu Gesicht. Das Leben im Lager lernten sie nicht kennen.

Obwohl Dachau ein „Erholungsheim" im Vergleich zu anderen KZs war, sind in diesem „Erholungsheim" von 1933 bis 1945 nachweislich mindestens 31.945 Menschen gestorben – an Überarbeitung, an Schlägen, an Hunger, durch direkten Mord. Die Zahl aller Toten einschließlich derer, die von der Gestapo nach Dachau zur Hinrichtung transportiert wurden, der Opfer der Russenerschießungen und der letzten Todesmärsche läßt sich nicht ermitteln.

Nach dem Fotografieren kam man in das eigentliche Lager. Man mußte durch ein Eisentor, auf dem groß in Eisenbuchstaben stand: „Arbeit macht frei". Dann kamen wir ins Bad. Wir mußten uns nackt ausziehen, und es wurden uns die Haare geschnitten, aber nicht nur die Kopfhaare, sondern sämtliche

Haare, die erwachsene Menschen am Körper haben. Die Häftlinge, die das tun mußten, waren keine gelernten Friseure. Außerdem waren die Schneidemaschinen ziemlich stumpf. Wenn die Kopfhaare ausgerissen statt abgeschnitten werden, ist das nicht sehr schlimm. Wenn man beim Geschlechtsteil die Haare ausreißt, statt sie abzuschneiden, ist das etwas anderes! Hat jetzt einer der Neuankömmlinge gezuckt, so ist schon ein SS-Mann dagewesen und hat ihm ein paar Faustschläge ins Gesicht gegeben. Prügel waren das tägliche Brot in Dachau!

Nach dem Duschen wurde jedem ein Binkel Kleider hingeworfen. Darin befand sich: eine Hose, eine Unterhose, ein Hemd, ein Paar Socken, ein Paar Schuhe und ein Häftlingsrock. Es stellte sich heraus, daß keine Rücksicht auf die Größen genommen wurde, später im Block haben wir dann getauscht.

Block hieß eine langgestreckte Baracke mit zwei Eingängen. Man kam in einen Vorraum mit zwei Schuhablagegestellen, denn die Wohn- und Schlafräume durfte man nur in Socken betreten. Vom Vorraum führten zwei Türen in die zwei Stuben, da ein Block zwei Vorräume hatte, gab es insgesamt vier Stuben.

Zur Zeit meiner Einlieferung waren in einer von Deutschen, also von Österreichern und Deutschen, bewohnten Stube zirka 70 Personen. Nach 1941 waren die Russenblöcke bereits mit 100 und mehr Personen pro Stube belegt und im Lager Flossenbürg, in das ich 1944 strafweise verlegt wurde, lagen bis zu sechs und sieben Häftlinge auf zwei Pritschen. Vis-à-vis vom Eingang war links das Klo. In Dachau standen zirka sechs Muscheln nebeneinander ohne Trennwand dazwischen, wie man noch heute sieht. Man konnte also nicht einmal am Klo allein sein, denn diese sechs Muscheln dienten für 140 Menschen. Auf der rechten

Seite vom Vorraum ging es in den Waschraum. Auf je einem Gußeisenfuß standen zwei große Waschbecken und in der Mitte war eine Art Turm, an dessen Spitze kranzförmig Brausen angebracht waren, sodaß sich sechs oder sieben Männer gleichzeitig waschen konnten.

In der Wohnstube befanden sich rundherum Spinde, also Kleiderkästen, wie sie die Soldaten haben, schmal und hoch. Innen gab es einige Fächer, wo unsere Eßschüssel, ein Löffel, das Schuhputzzeug, das Handtuch und das obligate Stück Glaspapier lagen. Merkwürdig, daß ein Stück Glaspapier zur Ausstattung eines Spinds gehört, nicht? Damit hat es folgende Bewandtnis: Außen war der Spind mit einer bräunlichen Farbe lasiert, innen aber zeigte sich weißes, weiches Holz und das gab Anlaß zu neuerlichen Schikanen. Die Eßschüssel war aus Aluminium. Streift man mit Aluminium an weißem Holz an, dann bleibt ein Strich, in der Art eines Bleistiftstriches, weil Aluminium abfärbt. Das war die eine Möglichkeit, wie man einen Spind innen „schmutzig" machen konnte, „schmutzige" Hände die andere. Es genügte, daß die Hände ein paar Stunden nicht gewaschen wurden, und schon hinterließ der Fettfilm, der sich automatisch bildet, Fingerabdrücke.

Jeden Vormittag kam der Blockführer in die Stuben und kontrollierte Betten und Spinde. Eine einzige, kleine „Schmutz"-Spur und schon riß er den Inhalt des Spindes heraus und alles lag auf dem Boden. Dann nahm er seinen Bleistift und schrieb auf das Holz. Die meisten Blockführer hatten grobe Hände und drückten fest auf. Das heißt, ihr Geschreibsel hinterließ nicht nur Farbe, sondern in dem weichen Holz auch Eindrücke. Kamen wir dann mittags in die Stube, mußten wir die Spinde sofort mit Glaspapier behandeln und solange schleifen, bis kein Eindruck, bis überhaupt keine Spur zu sehen war. Aber diese Schikane war noch ein Entgegenkommen des Blockführers. War er böse, machte er eine Meldung und das bedeutete Lagerstrafe.

Ein anderer Umstand wirft ebenfalls ein bezeichnendes Licht auf die SS: Der Boden der Stuben mußte lackiert sein, mit einem Lack, wie man ihn heute für Parkettböden verwendet. Aber die SS gab keinen Lack her. Was tun? Der Lack wurde von Häftlingen, die in der Tischlerei oder in einer anderen Werkstätte arbeiteten, gestohlen, auch der Pinsel. Wehe, es wurde ein Häftling erwischt, etwa beim Einrücken, daß er Lack in der Tasche hat! Dann gab es eine Lagerstrafe. Sobald der Lack aber am Boden war, gab es keine Strafe, obwohl die SS wissen mußte, daß der Lack gestohlen war, weil er niemals von ihr zur Verfügung gestellt worden war.

In der Stube standen Tische und Hocker, außerdem war ein Kachelofen drin, aber zum Heizen gab es kaum etwas. Vom Wohnraum kam man in den Schlafraum: Stockbetten in drei Etagen, Strohsäcke mit Leintüchern, eine Decke mit einem blau-grau karierten Überzug und ein Kopfpolster. Das Bettenmachen war eine sehr unangenehme Sache. Im Lager hat man dazu Bettenbauen gesagt und tatsächlich war es ein Bauen. Das Leintuch durfte weder an der Seite, weder vorne noch hinten, noch auf der Liegefläche nur die kleinste Falte aufweisen. Probiert es einmal, ein Leintuch so aufzuziehen, daß keine Falte da ist. Wir hatten keine Matratzen, sondern Strohsäcke. Jedem Neuen mußten die „alten" Häftlinge die erste Zeit helfen, denn wurde ein Bett für schlecht gemacht befunden, dann fiel das auf die gesamte Belegschaft der Stube zurück.

Die Kollektivhaftung, die Kollektivbestrafung war

eine ganz abgefeimte Einrichtung der Nazis! Eine
besondere Gefahr stellten die Betten des zweiten
Stockes dar, denn sie waren ungefähr in Augenhöhe.
Die SS hatte die Angewohnheit, sich am Anfang einer
Reihe von Betten hinzustellen und durch die ganze
Reihe zu schauen. Paßten die Anschlüsse der Decken
nicht genau zusammen, war nicht alles in einer Reihe
einschließlich der Karos der Decken – da konnte das
Leintuch noch so perfekt gespannt sein –, da wurde
alles heruntergerissen und auf den Boden geworfen.
Dann, zu Mittag mußte das Bett frisch gemacht
werden. War man nicht schnell genug, dann ist man
um das Mittagessen umgefallen, denn weder durfte
man es aufheben, noch hat man es am Abend nachge-
kriegt.

Das erste, was man nach der Einlieferung am Block
tun mußte, war das Annähen der Winkel und der
Häftlingsnummer. Winkel waren dreieckige Abzei-
chen, an deren Farbe man den Haftgrund erkannte: rot
für Politische, grün für Berufsverbrecher, schwarz für
Asoziale usw. Die Juden mußten zusätzlich noch einen
gelben Winkel darunter nähen, sodaß ein sechszacki-
ger Stern entstand. Nichtdeutsche hatten außerdem
noch einen Buchstaben für das Land, aus dem sie
kamen, zum Beispiel F für Franzosen, P für Polen,
sodaß die SS mit einem Blick erkannte, woher jemand
kam und aus welchen Gründen er inhaftiert war.

Ich möchte nur anmerken, daß nicht jeder, der einen
grünen Winkel hatte, tatsächlich ein Verbrecher sein
mußte. Ein Beispiel: Nach dem Ersten Weltkrieg gab
es bei uns vor allem in den Städten, ähnlich wie nach
dem Zweiten Weltkrieg, nichts zum Heizen. Häufig
wurden Jugendliche von ihren Eltern, während sie
arbeiteten, mit dem Leiterwagerl in den Wald geschickt, um Holz zu klauben. Das Klaubholz ist

Eigentum des Waldbesitzers. Heute wären die Waldbesitzer froh, wenn man Holz klauben ginge, weil es viel Geld kostet, den Wald davon zu säubern. Aber damals war Klaubholz sehr begehrt und ist teuer verkauft worden. Wurde man erwischt, war das eine böse Sache. Auf diese Art konnte man sehr schnell zu Vorstrafen wegen Diebstahls kommen. Unter Hitler kamen alle, die ein paar Vorstrafen hatten, als Berufsverbrecher in ein Lager. Das heißt, daß nicht jeder, der Vorstrafen hatte, wirklich kriminell war. Die Not bewirkte, daß manche zu Mitteln greifen mußten, die nicht ganz dem Gesetz entsprachen.

Was haben Sie im Lager den ganzen Tag gemacht?

4 Uhr wecken, Klo, waschen, Tag- und Schlafraum sauber machen, Frühstück. Um 5 Uhr mußte man aus dem Block, gleichgültig ob es schneite, regnete oder warm war. Um 5.15 Uhr fand der Zählappell statt. Eine Stunde in aller Früh beispielsweise im Regen stehen ist eine furchtbare Sache. 6 Uhr Arbeitsbeginn der Kommandos. 12 Uhr für die Kommandos, die in der Nähe des Lagers waren, Einrücken ins Lager und Mittagessen. Kommandos, die weit weg waren, wurde das Essen hinausgeliefert. Um 13 Uhr wieder arbeiten und zwar bis 18.30 Uhr, dann Einrücken und Zählappell. Der Zählappell in der Früh dauerte nicht zu lange, weil die Arbeit rechtzeitig beginnen sollte. Am Abend war es äußerst selten, daß er weniger als eineinhalb Stunden dauerte, häufig zwei Stunden. Fehlte ein Häftling, dann mußten alle Lagerinsassen so lange stehen, bis der Häftling gefunden wurde. Ich selbst habe es nicht erlebt, aber ich weiß von Häftlingen, die seit 1933 in Dachau waren, daß einmal alle Lagerinsassen eine ganze Nacht und einen ganzen Tag ununterbrochen stehen mußten. Dabei durfte man sich

nicht rühren. Also, nach dem Zählappell Nachtmahl-
essen und dann bis 20.45 Uhr Freizeit. Um 21 Uhr war
absolute Nachtruhe.

Sie haben von Lagerstrafen gesprochen, was war das?

Wenn zum Beispiel der Spind nicht in Ordnung war,
konnte der Blockführer anordnen: „Leg dich auf den
Bauch und mach jetzt 50 Liegestütze." – oder 50 Kniebeugen oder 100 Kniebeugen. Er hat zum Beispiel
vorgezählt: „Eins, zwei, drei, vier", recht langsam und
erst bei vier durfte man unten, respektive wieder oben
sein.

Eine andere Lagerstrafe bestand im Strafexerzieren
am Appellplatz, entweder allein oder die ganze Stube
oder der ganze Block. Da hieß es: „Im Laufschritt
marsch!", und man mußte um den Platz herumlaufen.
Jedesmal wenn ein Pfiff ertönte, mußte man sich auf
den Boden schmeißen, beim nächsten Pfiff aufsprin-
gen. Das Schlimmste war „Häschenhüpfen". Das
bedeutete, in die Kniebeuge hinunter, die Hände
vorhalten und so über den ganzen Appellplatz hüpfen.

Wiederum eine andere Strafe war: „Strafestehen vor
dem Jourhaus". Der Häftling mußte sich in der Früh
hinstellen und die ganze Zeit stramm stehen, durfte nie
etwas salopper stehen, denn er wurde vom Turmpo-
sten, der mit dem Maschinengewehr oben stand,
gesehen und ebenso von der SS-Mannschaft, die sich
drinnen im Wachlokal befand. Während des Strafeste-
hens durfte der Häftling nicht einmal aufs Klo gehen.
Es blieb ihm also nichts anderes übrig, als in die Hose
zu machen. Das hat zur Folge, daß man stinkt. Ist dann
ein SSler vorbeigegangen und hat das gerochen, hat er
einen wüst beschimpft und – je nachdem wie es ihm
eingefallen ist – geschlagen, zum Beispiel ins Gesicht.

Eine weitere Lagerstrafe bestand in meistens

25 Doppelschlägen aufs nackte Gesäß. In Mauthausen kann man so einen Bock sehen, also ein Gestell mit vier Füßen mit einer Mulde, sodaß ein menschlicher Körper gut hineinpaßt. Am Boden ist ein Kisterl, in das der Häftling hineinsteigen mußte, dann wurde der Deckel, in dem zwei Löcher in der Größe der Fußfessel eingeschnitten sind, zugemacht, damit man sich nicht bewegen konnte. Zwei SSler schlugen, aber jeder von ihnen 25 Mal, sodaß es 50 Schläge waren. Das tut sehr, sehr weh! – Die Haut platzt auf, das Blut rinnt hinunter. Ein paar Tage kann man nicht sitzen, auch nicht am Rücken liegen. Das tut sehr weh, aber es hat keine weiteren Folgen, es verheilt wiederum.

Aber es konnte auch sehr schlimm ausgehen. Bei dieser Strafe war jedesmal ein Offizier der SS anwesend und die SS-Leute, die zuschlugen, wollten sich vor dem Offizier produzieren. Also hüpften sie in die Höhe und schlugen beim Hinunterfallen. Durch das Springen konnten sie aber nicht mehr präzise zielen, sodaß manchmal die Schläge höher trafen. Gingen sie auf die Nieren und hatte der Häftling am nächsten Tag Blut im Harn, dann wußte er, er hat eine Nierenquetschung und das bedeutete im Lager den Tod. Der Häftling mußte die Schläge laut mitzählen. Hatte er sich verzählt, oder konnte er vor Schmerzen nicht mehr zählen, dann gab es entweder um zehn Schläge mehr oder das Schlagen begann von vorne unter dem Kommentar: „Jetzt zähl mit, weil sonst kriegst du noch mehr."

Die nächste Lagerstrafe war das Pfahlhängen. Die Hände wurden hinter dem Rücken gefesselt, eine Kette durchgezogen, der Häftling mußte auf einen Sessel steigen, die Kette wurde an einem Haken befestigt, sodaß er, wenn dann der Sessel weggezogen wurde, mit dem gesamten Körpergewicht an den nach hinten gebundenen Armen in der Luft hing. Einer meiner Freunde mußte eine Stunde lang am Pfahl hängen und erst unlängst, als ich ihn besuchte, kamen wir darauf zu sprechen. Er hat heute noch Schwierigkeiten, sich die Haare zu kämmen oder gar sich den Rücken zu waschen, weil seine Arme von dieser Stunde hängen kaputt sind. Man muß sich das vorstellen: Es sind weit mehr als 40 Jahre seither vergangen. Bei manchen kam es auch soweit, daß die Hände völlig abgestorben und daß sie für immer verkrüppelt geblieben sind.

Bis 1942 war der Lagerkommandant unumschränkter Herrscher und konnte jede Lagerstrafe selbstherrlich verhängen. Von 1942 an hat sich das gesamte Leben im Lager sukzessive geändert. Der Grund? Der steigende Bedarf an Arbeitskräften. Mit Fortschreiten des Krieges waren Arbeitskräfte immer wertvoller. Da nun ein Krüppel, etwa mit gelähmten Händen, einer mit kaputten Nieren oder sonstwie Kranker arbeitsunfähig war, wurde die völlige Willkür der Lagerstrafen gestoppt. Der Lagerkommandant mußte nunmehr ein Ansuchen nach Berlin schicken. Manchmal wurde die Strafe, auch wenn sie von Berlin nicht bestätigt wurde, vollzogen, allerdings eher selten, normalerweise gab es eine Ersatzstrafe. Als Ersatz für die Prügelstrafe und das Pfahlhängen wurde der Stehbunker eingeführt.

In einer Arrestzelle stand ein Holzkotter, ein größerer Spind, gerade so groß, daß ein Mann darin stehen konnte. Der Häftling wurde hineingestellt, und dann wurde die Türe, in der sich ein paar Luftlückerln befanden, geschlossen. Man mußte darin 24 oder gar 48 Stunden ununterbrochen stehen. Es war so eng, daß man nicht hockerln konnte, man war gezwungen zu stehen. Während der ganzen Zeit gab es kein Essen. Das Schlimmste aber war, daß man bald, vielleicht schon nach zwei Stunden, jegliche zeitliche Orientierung verloren hatte. Man wußte nicht mehr, ob es vielleicht sehr früh am Morgen oder spät in der Nacht war, denn es drang in den Bunker kein Licht von außen ein.

Sind da Leute nicht verrückt geworden?

Ich persönlich weiß von keinem, der bei dieser Gelegenheit verrückt wurde, aber sonst sind in Dachau viele verrückt geworden, oder sagen wir besser, haben durchgedreht. Viele erhängten sich oder rannten in den elektrisch geladenen Draht.

Wie hat man überhaupt überleben können?

Die deutschen Häftlinge, und zu ihnen zählten damals auch die österreichischen, hatten die größten Chancen, Dachau zu überleben. Die Deutschen bekamen die besten Kommandos. Da spielte der nationalsozialistische Rassenwahn eine Rolle. Selbst als Häftling war ein „Germane" in den Augen der Nazis den anderen überlegen. Ein weiterer Grund wird gewesen sein, daß in Dachau viele SSler Bayern waren, und die Bayern sprechen kein Schriftdeutsch. Wenn nun ein Bayer zu einem Polen oder einem Tschechen sprach, der die deutsche Sprache beherrschte, war eine Verständigung über diesen bayrischen Dialekt trotzdem schwer möglich, selbst uns Österreichern ist er manchmal wie eine Fremdsprache vorgekommen. Überlebenschancen hatten auch noch die Tschechen, dann erst einige Monate nach Ende des Krieges in Polen auch die Polen, auch noch Geistliche. So gut wie keine Überlebenschancen hatten Juden, Zigeuner und Russen. Die starben wie die Fliegen.

Wichtig für die Überlebenschance war die Art der Arbeit, zu der man eingeteilt war. Als ich nach Dachau kam, wurde ich in die Kiesgrube geschickt, etwas Ähnliches wie der Steinbruch in Mauthausen. Das war eine furchtbare Schinderei! Ich hätte das nicht lange durchgestanden. Außerdem fand man in der Kiesgrube nichts Zusätzliches zu essen, denn dort gibt es Steine und sonst nichts. Bei der Arbeit auf einem Feld konnte man schon hie und da eine Zwiebel, vielleicht ein Stück Schnittlauch oder sonst etwas essen. Freunde von mir, die schon seit 1938 in Dachau waren, brachten es irgendwie zustande, daß ich nach 14 Tagen von dort weg und in die SS-Kammer, also die Kleiderkammer für die SS, kam. Dort wurde der Überschwung, Schuhe, Socken, Unterwäsche, Hemden, Uniformen der SS aufbewahrt.

Der Kommandowechsel erhöhte meine Überlebenschance sehr, denn, wenn es regnete oder schneite, hatte ich ein Dach über dem Kopf. Im Winter mußte die SS-Kammer geheizt sein, denn einem SSler konnte man nicht zumuten, daß er kalte Schuhe anzog. Ein geheizter Raum bedeutete schon das halbe Überleben! Ich konnte mir zum Beispiel, wenn es geregnet hatte und ich patschnaß vom Frühappell hereinkam, meine Jacke ausziehen und auf die Zentralheizung legen. Der Häftling hingegen, der im Freien arbeiten mußte, blieb bis Mittag naß und zu Mittag konnte er seine Jacke auch nicht trocknen, denn er mußte im Freien essen. Während der Mittagsstunde gab es keinerlei Möglichkeit, die Kleider aufzuhängen. Über Nacht durfte man die Kleidung auch im Block nicht aufhängen. Es gab ganz einfach keine Haken dafür und hing man sie in den Spind, hatte das nur zur Folge, daß in der Früh alles, was sich im Spind befand, feucht war, weil keine Luft dazu konnte.

Dann gab es noch etwas: Unser Hauptscharführer, der Kommandoführer der SS-Kammer, hatte hinter der Plantage ein Siedlungshaus, in dem er Hühner und Hasen hielt. Er versprach dem Kommandoführer der SS-Küche eine schönere Uniform oder ließ ihm aus Uniformstoff einen Zivilanzug in der Schneiderei anfertigen und bekam dafür das übriggebliebene Brot von der SS-Küche für seine Hühner und Hasen. Er hat also jeden Tag einen Sack Brot gebracht und bei uns abgestellt. Wenn wir unbeobachtet waren, haben wir uns sofort darübergestürzt, sodaß jeder ein Stück zusätzliches Brot hatte. Aber wir hielten es für unsere Pflicht, anderen Häftlingen vom Block, die nicht diese Vorteile hatten, etwas von unserer Essensration abzugeben.

Und wehe dem Häftling, der sich nicht daran hielt und so gierig war, am Block alles aufzuessen, wenn er für sich zusätzlich etwas organisieren konnte! Die Solidarität der Häftlinge untereinander war wirklich groß geschrieben! Vergehen dagegen wurden streng geahndet. Ein Häftling etwa, der einem anderen Brot stahl, war faktisch zum Tod verurteilt. Über solche Sachen diskutierte man nicht, der wurde von den anderen Häftlingen geschnitten, bekam keinerlei Hilfe, sodaß er in einigen Wochen draufging. Man konnte es sich nicht leisten, daß die Solidarität gebrochen wurde, denn keiner hatte zuviel Brot und ein Stück Brot konnte über Leben und Tod entscheiden.

Wieviel hat man als Essensration bekommen?

In der Früh gab es schwarzen Kaffee. Wir nannten ihn Negerschweiß, denn das war nichts als schwarzes Wasser. Zu Mittag gab es eine sogenannte Suppe, darin sind ein paar Saurübenstückeln herumgeschwommen und ein paar Bröckerln Kartoffel. Mehr als eine Kartoffel war pro Suppe nicht drinnen und nachfassen konnte man nicht. Zweimal in der Woche gab es zum Frühstück eine dicke Pulversuppe, das war phantastisch, die blieb lange im Magen. Wer allerdings an diesem Tag Stubendienst hatte, war arm dran, denn zum Aufräumen gehörte es auch, daß man unter den Betten zum Staubwischen am Bauch herumkroch und dabei ist einem die Suppe wieder hochgekommen. Man schluckte sie noch einmal, wie es die Kühe machen. Kein Häftling hat so eine Suppe ausgespuckt, denn sie war lebenswichtig.

Viermal pro Woche gab es abends Brot mit 20 bis 30 Gramm Wurst. Es sollte Blutwurst sein. Was es wirklich war, darauf bin ich nie gekommen. Man konnte daran ziehen und ziehen, das war wie Gummi. Das hatte natürlich den Vorteil, daß es länger im Magen liegen blieb, und das machte den Hunger nicht gar so groß. Dreimal wöchentlich einen Liter Suppe zum Nachtmahl und jeden Tag eine Jause, ein Stück Brot mit Margarine.

Laut Vorschrift sollten wir 1300 Kalorien bekommen, aber das stand nur auf dem Papier, denn die SS hat für ihre Feste und auch für andere Zwecke aus der Häftlingsküche Lebensmittel gestohlen, besonders natürlich die besseren. – Ich habe in Dachau Häftlinge gesehen, die keine Gesäßbacken mehr hatten, es war nur mehr eine Öffnung da, wo der Kot abging und diese Öffnung war auch zu sehen, wenn sie normal gingen. Die Oberschenkel waren so dünn, wie etwa ein normaler Unterarm ist. Viele hatten Phlegmone. Phlegmone wurde durch Unterernährung hervorgerufen. Sie bewirkte, daß, wenn man sich irgendwo angeschlagen hatte, zuerst ein blauer Fleck kam und sich dann dort im Fleisch ein Lückerl bildete, das immer größer wurde, bis es schließlich eine Wunde war, die bis an den Knochen hineinreichte. In dem Loch sah man schneeweiß die Sehnen laufen.

Anfang 1942 wurde eine größere Gruppe polnischer Pfarrer nach Dachau gebracht. Die Polen schauen sehr auf ihre Pfarrer, sie waren gut gekleidet, hatten Mäntel mit Innenpelz und Persianerkragen, viele hatten große Bäuche. Sie mußten dieselbe Prozedur mitmachen wie wir, allerdings wurden sie naß aus dem Bad getrieben und mußten bei Frost im Freien stehen, erst dann gab man ihnen Häftlingsuniformen. Für solche Bäuche waren aber keine passenden Kleider da, das heißt, die Pfarrer haben die Hosen nicht zugekriegt und mit den Hemden war dieselbe Geschichte. Da die ganze Kleidung in der Breite ausgedehnt wurde, fehlte es in der Länge, das heißt, die Hose ist bis zum halben Wadel gegangen und die Hemden waren ebenfalls zu kurz. Die haben sich ständig die Hosen halten müssen, weil sie sie sonst verloren hätten.

Nach drei oder vier Wochen, ganz präzise kann ich es nicht sagen, lebte von diesen Pfarrern nur mehr ein Bruchteil. Keiner von ihnen wurde erschlagen, keiner erschossen, keiner aufgehängt. Was ist geschehen? Sie mußten nach dem Frühstück und Saubermachen der Stube sofort hinaus und bis zum Zählappell exerzieren. Nach dem Zählappell ist das Exerzieren bis Mittag weitergegangen, dann Mittagessen und sofort wieder hinaus und exerzieren. Man muß sich das nur vorstellen: Es heißt: „Auf und nieder" und man muß seine Hose halten, obwohl man beim Aufstehen die Hände braucht. Man muß aber die Hose halten, denn, wenn sie runterrutscht, kann man keinen Schritt machen. Die Strapazen und die plötzliche Gewichtabnahme haben das Dahinsterben einer so großen Anzahl von Menschen innerhalb kurzer Zeit bewirkt.

Ist es den Frauen genauso ergangen wie den Männern?

Dachau war ein Männerlager, aber die Aufnahmeprozedur in einem Frauenlager war ganz dieselbe, nur wahrscheinlich für eine Frau noch viel schlimmer. Auch ihnen wurden die Haare geschoren und sie hatten dann eine Glatze. Habt ihr schon einmal eine Frau mit einer Glatze gesehen? Stellt euch nur vor, was es für eine Frau bedeutet, plötzlich glatzköpfig zu sein! – Selbst für uns Männer war es nicht einfach. Ich glaube, ich habe vorhin erzählt, daß auch uns Männern einmal pro Woche die Haare geschoren wurden. Aber es ist klar, daß man mit so kurzem Haar wenig anfangen kann.

Nach 1941 ist die SS auf eine glorreiche Idee gekommen: Wachsen lassen wollte sie unser Haar offensichtlich nicht, und so wurde uns pro Woche mit der Haarschneidemaschine lediglich ein Streifen in der Mitte des Kopfes ausgeschnitten. Wir sahen wie Clowns aus. Ich hab' mich unendlich geniert! Gegenüber der SS-Kammer war das zentrale Bekleidungslager der SS, wo auch Zivilisten arbeiteten, auch Frauen. Ich ging mindestens drei Wochen lang nicht ans Fenster, damit mich die Frauen nicht sehen konnten. – So geniert habe ich mich. Jetzt stellt euch vor, was das erst für ein Mädchen, für eine Frau geheißen haben muß, wenn sie plötzlich mit einer Glatze dastand.

Ich habe gehört, es hat im KZ Menschenversuche gegeben. Stimmt das?

Ja, das stimmt. Es hat ganz verschiedene Versuchsstationen gegeben: eine Kaltwasserversuchsstation, eine Höhenluftversuchsstation, eine Meerwasserversuchsstation, eine Malariaversuchsstation und eine Phlegmoneversuchsstation. Ich möchte daraus nur die Kaltwasserversuchsstation als Beispiel herausgreifen. Es bestand folgendes Problem für die Deutschen: Ihre Truppen in Norwegen sind mit Flugzeugen aufgestiegen, beziehungsweise mit Schiffen hinausgefahren, damit sie die Konvois der Engländer nach Murmansk in Rußland zerschlagen, und dabei ist es geschehen, daß ihre Flugzeuge abgeschossen, ihre Schiffe versenkt wurden. Wenn sich nun die Besatzung mit Fallschirm und Schwimmweste retten konnte, dauerte es vielleicht eine halbe oder dreiviertel Stunde, die sie im kalten Wasser verbringen mußten, bis sie ein Schiff aufgesammelt hatte. Sie wurden sofort aufgewärmt und das hatte ihren Tod zur Folge.

In Dachau hat man nun ausprobiert, wie man stark unterkühlte Menschen am Leben erhalten kann. Im Revier – so hieß das Häftlingsspital im KZ – wurde ein Bassin mit kaltem Wasser gefüllt, noch mit Eisstücken gekühlt, sodaß eine Temperatur wie in der Nordsee erzielt wurde. Beim Einrücken nach der Arbeit wurde man von einem SS-Arzt und einem SSler erwartet. Der SS-Arzt wies auf jenen Häftling hin, den er haben wollte. Der SSler sprang in die Kolonne, holte ihn heraus und schickte ihn ins Revier. In der Versuchsstation wurde er nackt ausgezogen, man gab ihm die Unterwäsche, die sonst die Flieger trugen, und eine komplette Flieguniform mit Schwimmweste und steckte ihn in das kalte Wasser.

Es wurde ein feinsäuberliches Protokoll geführt: Der und der Häftling, Alter: soundso, soundso viel Kilo, Ernährungszustand: soundso, Beginn des Versuchs: Uhrzeit. Dr. Rascher, der Leiter dieser Versuche, fühlte immer wieder den Puls, und wenn er feststellte, daß die Versuchsperson tot war, wurde auch das wieder feinsäuberlich protokolliert, genaue Uhrzeit usw. Die Leiche wurde herausgenommen, nackt ausgezogen und auf der Prosektur aufgeschnitten, um festzustellen, was die Kälte im Inneren des Körpers an Veränderungen hervorruft. In der Folge hat man die

Häftlinge vor ihrem Tod aus dem Wasser genommen, sie mit Strahlern aufgewärmt, obwohl man wußte, daß sie beim Aufwärmen sterben würden.

Besonders perfid war, daß man zwei weibliche Häftlinge aus dem Konzentrationslager Ravensbrück nach Dachau holte, sie nackt auszog, um sie in das Bett zu legen, in das der unterkühlte Häftling, der auch nackt ausgezogen war, hineingelegt wurde. Die zwei Frauen mußten sich an den Mann fest anpressen, sodaß er durch menschliche Wärme aufgewärmt wurde. Völlig absurd ist, daß man für diese Versuche weibliche Häftlinge, die ein paar hundert Kilometer Bahnfahrt zurücklegen haben müssen, heranzog, da Männer die gleiche Körpertemperatur wie Frauen haben, und die waren in Dachau zur Genüge vorhanden. Schließlich haben die Versuche ergeben, daß die einzige Möglichkeit, einen so stark unterkühlten Menschen zu retten, ein sofortiges heißes Bad ist.

Niemand wußte, wer und wann jemand für einen Versuch ausgesucht wurde. Ich erinnere mich an einen Pfleger unseres Reviers, der, als er einmal beim Fenster auf die Blockstraße hinausschaute, von Rascher erblickt wurde, der daraufhin hereinkam und fragte: „Wer hat beim Fenster hinausgeschaut?" Nachdem sich der Pfleger gemeldet hatte, sagte er: „Wenn Sie so neugierig sind, kommen Sie mit." Bald darauf war er tot. Die Ungewißheit, wer und wann man zu so einem Versuch drankam, das war etwas Schreckliches.

Jetzt möchte ich euch eine Frage stellen. Ich habe bis jetzt aufgezählt, daß die Juden, die Zigeuner, die Polen und die tatsächlichen sowie die vermeintlichen Gegner ins KZ kamen. Jetzt möchte ich gerne wissen, ob es eurer Meinung nach so war, wenn man kein Jude, kein Zigeuner, kein Pole war und man sich nicht gegen Hitler, gegen den Nationalsozialismus betätigte, daß man nicht ins KZ kommen konnte?

No sicher! Ja.

Das stimmt nicht. Zum Beispiel: Stellt euch einmal alle vor, ihr wachst in einem Gemeindebau mit anderen Kindern auf, geht in dieselbe Schule, seid also richtig miteinander befreundet. Plötzlich wird der Vater einer befreundeten Familie verhaftet, man weiß nicht, warum! Es sind zwei, drei Kinder da – die Mutter ist nicht berufstätig, sondern Hausfrau –, eure Eltern können sich ausrechnen, die Frau mit den Kindern hat vielleicht noch für zehn oder vierzehn Tage Geld für das Allernötigste, dann kann sie nicht einmal mehr Brot für ihre Kinder, geschweige denn Milch kaufen. Was ist da die natürlichste Reaktion? Was wäre in der Nazizeit die natürlichste Reaktion gewesen? Dieselbe: daß man hilft! Hätten eure Eltern dieser Mutter, sagen wir, mit zehn Mark geholfen und wäre die Gestapo draufgekommen, dann hätten sie wegen Unterstützung eines Staatsfeindes ins KZ kommen können. Man brauchte sich also nicht politisch betätigen, man brauchte kein Jude und kein Zigeuner sein, um ins KZ zu kommen.

Weiters war deutschen Frauen streng verboten, mit Kriegsgefangenen ein Verhältnis zu haben. Die Frau, die dabei erwischt wurde, kam in der Regel ins KZ. Nun wäre es ja gar nicht zu verargen gewesen, daß junge Frauen, die überhaupt keine gleichaltrigen Männer kannten, weil die alle an der Front waren – im Hinterland gab es ja nur alte Männer und Kinder –, wenn die an einem gleichaltrigen Kriegsgefangenen Gefallen gefunden hätten. Aber dazu mußte es gar nicht kommen! Es genügte schon, daß eine Frau lediglich einmal mit einem Kriegsgefangenen gesprochen hat und daß irgendwelche alte oder junge neidische Frauen herumsprachen, daß sie mit einem Kriegsgefangenen ein Verhältnis hätte. Ist das der Gestapo zu Ohren gekommen, ist sie auch schon verhaftet worden. Wie aber soll eine Frau, wenn sie nicht zum Glück unberührt war, nachweisen, daß sie mit dem Kriegsgefangenen kein Verhältnis hatte?

Auch der Kriegsgefangene wurde sofort eingesperrt! Das als Beispiel für Handlungen, die mit Politik überhaupt nichts zu tun hatten. Lächerliche Lappalien konnten mit Todesurteilen enden und haben auch damit geendet. Man brauchte also während des Nationalsozialismus nicht gegen das System aufzutreten, sich nicht politisch zu betätigen und konnte trotzdem die Härte des Systems in ihrer vollen Schärfe erleben müssen. Es gab keine Garantie, daß man verschont blieb, daß man durchkam. Was ist daraus für ein Schluß zu ziehen? Daß man mit aller Kraft schauen muß, daß es nicht zu so einem System kommt!

Wenn in einem Lager so viele Menschen zusammen sind, deren Hoffnung auf ein Überleben so gering ist, hat es da nicht Aufstände, panikartige Fluchten gegeben? Hat man nicht um sich geschlagen, um das Leben zu verteidigen? Oder hat man den Häftlingen etwas versprochen, daß sie am Leben bleiben?

Die SS hat nichts versprochen, allerdings hat sie ihre Greueltaten gut kaschiert. Mit Greueltaten meine ich nicht Faustschläge oder Fußtritte, die haben zum Lagerleben, zum Lageralltag gehört, wie bei euch das Mittagessen zum Alltag gehört. Aber bei Massenerschießungen oder wenn auf andere Art und Weise unzählige Menschen umgebracht wurden, hat die SS mit Tricks verhindern wollen, daß irgendetwas herauskommt.

Zum Beispiel hieß es in Dachau 1942, es war Anfang 1942: „Das ganze Lager tritt nackt an." Wir haben diesen Befehl befolgt – was wäre uns auch anderes übrig geblieben – und sind auf den Appellplatz hinuntermarschiert. Zwei Personen, zumindest einer davon ein SS-Arzt, saßen hinter einem Tisch mit einem Heft vor sich. Wir Häftlinge mußten an ihnen vorbeigehen und die Häftlingsnummer nennen. Wir wurden gemustert, und manche Häftlinge bekamen neben ihrer Nummer in das Heft ein Kreuzerl. Das waren die, die sehr abgemagert waren und die, die ein steifes Bein hatten oder eine steife Hand, aber dennoch einsatzfähig waren. Die SS hatte durchsickern lassen, daß ein Transport in ein Lager gehen würde, das sich lediglich mit Blumenzucht beschäftige und die Häftlinge, die dorthin kämen, hätten nichts anderes zu tun, als Unkraut zwischen Blumen auszuzupfen. Wir sollten glauben, daß es sich um eine leichte Arbeit handle und daß die dafür ausgesuchten, schwächeren Häftlinge im anderen Lager wieder gesund werden und dann nach Dachau zurückkommen würden, um hier wieder für die Kriegsindustrie zu arbeiten.

Die meisten, die damals Anfang 1942 ein Kreuzerl bekamen, als wir alle nackt an dem SS-Arzt vorbeigehen mußten, haben nun wirklich erwartet, daß sie eine leichtere Arbeit bekämen. Ein Freund, der mit mir in Spanien war, meldete sich sogar freiwillig zu dem Transport, weil er dachte, jetzt in ein Kommando zu kommen, wo er wirklich nur Unkraut zu zupfen brauchte. Ich und auch andere ahnten, daß dieser Transport in den Tod gehen würde.

Aber, ihr dürft euch nicht vorstellen, daß wir unsere Kameraden hätten warnen können. Wir konnten es nicht wagen, wir durften auf keinen Fall sagen: „Du paß auf, der Transport geht in den Tod." So eine

Warnung konnte dazu führen, daß er zu einem SSler gegangen wäre, um zu fragen: „Stimmt das, daß der Transport in den Tod geht?" Und das hätte zur Folge gehabt, daß der SSler gefragt hätte, woher der Häftling diese Idee hat. So mußte ich auch meinen Freund gehen lassen. Der Transport endete in Hartheim bei Linz, einer Tötungsanstalt. Dort wurden alle vergast.

Ein anderes Beispiel: Ab 1941 wurden massenweise russische Kriegsgefangene draußen in der Kiesgrube erschossen. Dafür wurde ein eigenes Eisenbahngleis gelegt. Die Russen mußten sich nackt ausziehen, wurden erschossen, dann ins Krematorium gebracht und verbrannt. Zur Kiesgrube hatte ein „normaler" Häftling keinen Zugang. Also, auch diese Massenerschießungen wollte man vor uns kaschieren. Vor den versammelten Häftlingen gab es im wesentlichen nur Einzelhinrichtungen.

Weil du „Aufstand" gesagt hast: Wie ist es möglich, eine größere Anzahl von Menschen, die schon die ersten Wochen überlebt haben, auf einen Nenner zu bringen, daß sie bereit sind, jetzt bewußt in den Tod zu gehen. Das gelingt nur dann, wenn sich alle vollkommen im Klaren sind, daß sie auch so verrecken. Solange ein Funke Hoffnung da ist, daß man durchkommt, ist es schwer.

Hat es im Lager Widerstandsgruppen oder vielleicht Menschen gegeben, die sich abgesprochen haben, um jemandem zu helfen? War unter den Leuten überhaupt so weit Kontakt vorhanden, daß sie einander gekannt und vertraut haben? Hat es da eine Gemeinschaft gegeben oder war jeder abgeschirmt und hat nur für sich gearbeitet, um zu überleben?

Ohne Solidarität hätte überhaupt niemand überlebt.

Es hat im Lager Widerstand gegeben, allerdings darf man sich darunter nicht vorstellen, daß wir Handgranaten oder Sprengstoff gesammelt hätten, um gegen die SS zu kämpfen. Es ging um viel subtilere Dinge. Zum Beispiel: Wir Häftlinge sollten unsere Informationen über das Weltgeschehen nur durch die SS und durch Nazizeitungen bekommen. Als 1941 der Krieg gegen die Sowjetunion geführt wurde, mußten wir bei jeder Sondermeldung auf dem Appellplatz antreten und da hieß es: „Wieder wurden 500.000 Rotarmisten gefangen." Ein anderes Mal hieß es: „800.000 Gefangene", dann hieß es: „Die deutschen Truppen sind um 500, um 1.000 Kilometer vormarschiert."

Ihr müßt euch vorstellen, was das für eine deprimierende Wirkung hatte! Wir mußten denken, wenn das so weitergeht, dann müssen wir unser Leben als KZ-Häftlinge beschließen. Die Befreiung wurde immer unwahrscheinlicher. Gegen diesen enormen psychischen Druck mußte etwas unternommen werden, denn für jedes Konzentrationslager gilt: Wer die Hoffnung fahren läßt, gibt sein Leben auf!

Eine Strategie gegen die Hoffnungslosigkeit war, sich aus anderen Quellen Informationen über das Weltgeschehen zu verschaffen. Zu diesem Zweck bauten Häftlinge, die in den Werkstätten zu den notwendigen Materialien Zutritt hatten, einen Radioapparat, und einer unserer Wiener Freunde, der de facto Dienstmädchen in der SS-Führerbaracke war, nahm das Radio an seinen Arbeitsplatz mit, versteckte es und, wenn er unbeobachtet war, hörte er BBC. Am Abend, nach dem Zählappell, wenn wir kurz spazierengehen konnten, gab er zwei, drei Männern die Informationen weiter, natürlich nur mündlich – schon das war gefährlich genug, etwas niederzuschreiben unmöglich.

Was ist der Grund, daß so viele Leute passiv in den Tod gegangen sind, sich nicht gewehrt haben?

Sie haben es nicht gewußt.

Aber da muß man doch irgendeine Ahnung haben.

Nein, das muß man nicht. Es ist fast niemand von denen, die bei diesen Mordaktionen dabei war, mit dem Leben davongekommen. Es konnte niemand erzählen. Und dann, die Vorgänge waren so unheimlich, daß man sie schwer geglaubt hat. Ungefähr im September 1941 sagte ein Kamerad zu mir: „Paß auf, es werden da hinten im Krematorium Russen erschossen." Meine Antwort: „Erzähl mir keinen Blödsinn! Man kann doch Kriegsgefangene nicht einfach erschießen und aufhängen. Wo hat es denn so was schon je gegeben!" Dann brachte man mir Kopeken, Rubel und Knöpfe von russischen Uniformen, da glaubte ich schon fast daran, bis ich es dann selbst sah.

Die SS-Kammer, in der ich arbeitete, befand sich ein Stück außerhalb des Lagers, genau vis-à-vis vom Bunker. Eines Tages hieß es zu Mittag, daß die Arbeitskommandos nicht ausrücken und die vorderen Blöcke geräumt werden. Nur unser Kommando SS-Kammer mußte ausrücken. Unser Hauptscharführer befahl: „Daß mir niemand ans Fenster geht!" Das Ganze war ein sehr außergewöhnlicher Vorgang und da spitzt man natürlich die Ohren. Ich wollte wissen, was für eine Gaunerei da vor sich ging und bat einen Wiener Freund, aufzupassen und mich durch Husten zu warnen, wenn jemand kommt. Ich ging ans Fenster und sah Lastwagen – ich glaube es waren vier –, voll mit jungen, uniformierten Burschen, die die Bunkertür passierten. Die Bunkertür war sonst immer geschlossen. Bald fuhren die Lastwagen wieder heraus, allerdings diesmal ohne Menschen und im Bunker hat es den ganzen Nachmittag geknallt.

Jetzt werde ich euch wieder eine Frage stellen. Was, glaubt ihr, war das Schlimmste im Konzentrationslager?

Daß man sich nicht waschen können hat, der Schmutz.

Über die Hygiene kann man keine Aussage treffen, die für alle Konzentrationslager stimmt. In der Frauenabteilung des Konzentrationslagers Auschwitz waren zu bestimmten Zeiten die Verhältnisse so, daß Frauen sich überhaupt nicht waschen konnten. In Dachau waren die Verhältnisse ganz anders: Wir mußten uns waschen. Es war vorgeschrieben, das Hemd auszuziehen. Merkte ein Blockführer in der Früh, wenn er überraschend in den Waschraum kam, daß einer das Hemd anhatte, dann setzte es eine ordentliche Tracht Prügel – wenn der Blockführer gut aufgelegt war; war er schlecht aufgelegt, machte er eine Meldung und es folgte eine der Lagerstrafen, von denen ich vorher schon erzählt habe. Also, die Lager waren in vieler Hinsicht überhaupt nicht gleich. Dachau mußte absolut sauber sein, fast steril sauber. Wenn der Blockführer in die Baracke, in einen Wohnraum kam, war das erste, daß er mit dem Finger über den Türstock wischte, um zu schauen, ob er Staub findet. Er fuhr über jeden Schalter drüber. Die geringste Staubspur hatte eine Lagerstrafe zur Folge.

Vielleicht war es die Angst, die Angst, daß man nicht mehr hinauskommt.

Die Angst ist etwas Schreckliches, aber nicht das Schlimmste. An Angst gewöhnen sich Menschen, sonst gäbe es keine Kriege, sonst gäbe es keine Helden. Denkt an die Belagerung von Madrid, an die Belagerung von Leningrad! Ohne die Angst zu überwinden, könnte das kein Mensch aushalten. An Angst kann man sich gewöhnen.

Der Verlust der Familienangehörigen, daß man von ihnen nichts hört, daß man nur mehr das Lager kennt und über nichts anderes etwas erfährt.

Auch daran gewöhnt man sich. Es ist grauenhaft, aber vielleicht ist es damit zu vergleichen, daß einem ein lieber Mensch stirbt. So schrecklich das alles ist, ist es nicht das Schrecklichste. Ich glaube, das Entscheidende ist – ich weiß nicht, ob man das überhaupt verstehen kann – die absolute Rechtlosigkeit. Ihr, die jungen Menschen von heute, vertragt Rechtlosigkeit überhaupt nicht. Ihr vertragt nicht, daß man etwas fordert, wozu man kein Recht hat.

Nur ein Fall aus Dachau: Es war Vorschrift, daß jeder Häftling, wenn an ihm ein SSler vorbeikam, die Mütze herunterreißen, die Hände an die Hosennaht legen und den SSler anschauen mußte. In der Regel waren ältere Häftlinge – nicht an Jahren alte, sondern solche, die schon länger in Haft waren – immer darauf aus, zu verschwinden, sobald sie einen SSler sahen, um erst gar nicht in seine Nähe zu kommen. Ich gehe eines Abends nach dem Essen, mit dem man um zirka 20 Uhr fertig war, auf der Lagerstraße herum, um in der kurzen Zeit, die uns dafür zur Verfügung stand, ein bißchen Luft zu schnappen, da kommt mir ein SSler entgegen und zwar an einer Stelle, wo ich nicht mehr verschwinden kann. Ich reiße die Mütze runter, lege die Hände an die Hosennaht und da winkt er mir, daß ich zu ihm kommen soll. Ich folge dem Befehl, sehe wie er aus seinem Hosensack ein Messer nimmt, stehe stramm vor ihm und denke: „Daß einer auf der Lagerstraße regelrecht abgestochen wird, das hat es bis jetzt nicht einmal in Dachau gegeben!"

Der SSler schneidet mir von der Häftlingsjacke einen Knopf nach dem anderen ab, gibt mir die Knöpfe in die Hand, versetzt mir ein paar Faustschläge ins Gesicht und sagt: „Du Mistsau, warum hast du keine Knöpfe am Jackett?" Ich stehe vor ihm und habe die soeben von ihm abgeschnittenen Knöpfe in der Hand! Plötzlich sagt er: „Hau ab, in zehn Minuten meldest du dich bei mir mit angenähten Knöpfen!" Ich mache kehrt, renne in den Block, nähe meine Knöpfe in aller Eile, aber doch ordentlich, an. Es gelingt mir, rechtzeitig fertig zu sein. Ich melde mich nach zehn Minuten mit angenähten Knöpfen. Er probiert, ob die Knöpfe ordentlich angenäht sind, gibt mir noch einen Faustschlag ins Gesicht und einen Fußtritt und sagt: „Daß mir das nicht mehr vorkommt!"

Ihr müßt euch vor Augen halten: Derselbe SSler war das, der mir die Knöpfe abgeschnitten hatte, und ich konnte nicht einmal sagen: „Herr Unterscharführer, die Knöpfe haben ja Sie selbst gerade abgeschnitten, Sie haben sie mir ja in die Hand gedrückt!" Um Gottes willen! Einem SSler zurückzureden, das wäre das Todesurteil gewesen. Das hat es nicht gegeben!

Soweit zur Illustration dieser absoluten Rechtlosigkeit, die ich als das Schlimmste empfunden habe. Wir waren zu einem regelrechten Kadavergehorsam verurteilt! Es ist wahrscheinlich sehr schwierig zu verstehen, daß diese Rechtlosigkeit so furchtbar war, daß man absolutes Unrecht erdulden oder zusehen mußte, wie es andere erduldeten und nichts dagegen tun konnte.

Alles in den Konzentrationslagern zielte darauf ab, daß man sich nicht mehr als Mensch fühlen und daß jegliche eigene Meinung gebrochen werden sollte. Alles war darauf ausgerichtet, den eigenen Willen vollkommen zu zerschlagen.

126

Wie war das, als Sie aus dem KZ draußen waren? Haben
Sie da ein neues Leben begonnen? Waren Sie nicht voller
Aggressionen gegen die Nazis? Sind Sie Nazis begegnet?

Nachdem ich ab Ende 1942 Blockschreiber war, hatte
ich innerhalb des Lagers völlige Bewegungsfreiheit.
Ich habe mir geschworen, ganz bewußt die größten
Scheußlichkeiten anzusehen und sie mir einzuprägen.
Ich prägte mir Transporte ein, die von anderen Lagern
kamen und die solange ohne Essen und Trinken
unterwegs waren, daß die Menschen vor Hunger
wahnsinnig geworden waren und die Toten angenagt
hatten. Ich sah mir ganz bewußt Tote in der Leichen-
kammer an, die von der Einvernahme durch die
Gestapo in München gekommen waren und an denen
kein Glied ungebrochen war, an denen man die
blutunterlaufenen Nägel sah, die gequetschten Hoden
und die Brandspuren durch Zigaretten. Ich habe mir
das alles angesehen und eingeprägt, weil ich mir
vornahm, Haß zu speichern, um später Revanche zu
üben.

1945, nachdem ich wieder in Wien war, kam ein
Major der französischen Armee, der mit mir in Flossenbürg gewesen war, uniformiert in mein Büro und
forderte mich auf: „Komm mit." Wir fuhren nach
Steinhof. Dort gingen wir durch einen langen Gang,
von dem viele Zellen wegführten. Er sperrte eine Zelle
auf und ich erkannte sofort einen Nazi aus Flossenbürg, einen Burschen, auf den ich einen richtigen Haß
hatte. Er war es, der einen Juden wie ein Vieh vor
seinem zehnjährigen Sohn verdrosch. Das Kind mußte
zusehen. Ich dachte mir damals: „Um Gottes willen,
was soll aus diesem Kind werden? Der muß doch von
einem wahnsinnigen Haß erfüllt sein, der überhaupt
nicht mehr zu lenken ist." Ich fragte den Buben

einmal, was er werden möchte. Seine Antwort: „Wenn ich hinauskomme, werde ich Offizier, damit ich diese Schweinerei rächen kann."

Als nun der französische Major die Zelle aufgesperrt hatte, fragte er: „Kennst du den? Schmier dich aus." Ich antwortete: „Lieber Freund, wenn er draußen ist, auf einer Wiese, da beiß' ich ihm die Gurgel durch, aber hier kann ich ihm nichts tun, denn er hat keine Möglichkeit, sich zu wehren." Ich drehte mich um und ging weg. Hätte ich den Nazi unmittelbar nach der Befreiung erwischt, weiß ich nicht, was passiert wäre, denn das Kind hat mir so leid getan, daß mir vielleicht die Nerven durchgegangen wären. Aber im Gefängnis habe ich nicht einmal die Hand gehoben.

Haben alle so reagiert, daß sie sich nicht gerächt haben, oder sind Sie ein Einzelfall?

Nein, ich bin kein Einzelfall.

Wie haben Sie das KZ bewältigt? Woher haben Sie die Kraft genommen? Ist das überhaupt zu bewältigen?

Die ganze Zeit, als ich euch erzählte, habe ich irgendwie distanziert erzählt. Ich darf das nicht in mich dringen lassen und darf mir nichts plastisch vorstellen, sonst könnte es passieren, daß ich nicht weitersprechen kann, daß ich zu heulen beginne. Das heißt also, daß man die „Sachen" zunächst verdrängt und deshalb konnte ich mit meinem Sohn, der heute 40 Jahre alt ist, kaum darüber sprechen. Er weiß von all diesen Problemen fast nichts. Ganz anders ist es in den letzten Jahren. Mit meinem Enkelkind habe ich die Möglichkeit, offen zu sprechen. Irgendwie stehe ich heute über der ganzen Geschichte, nicht ganz, aber irgendwie doch.

Zum Abschluß möchte ich euch sagen, warum ich

zu euch komme und von dieser Zeit erzähle. Die Demokratie kann nicht bestehen, wenn nicht die einzelnen mitwirken. Demokratie heißt auch Kontrolle, und wenn die Menschen die Demokratie nicht ernst nehmen und sich zurückziehen, statt sich zu engagieren, bereitet man, auf lange Sicht gesehen, den Boden für eine Diktatur. Die Diktatur kennt die Kontrolle durch das Volk nicht. Dort hat man zu tun, was der Diktator befiehlt. Wenn euch etwas an unserem Staat anstinkt, müßt ihr euch selbst bei der Nase nehmen und einbekennen: „Wir haben uns nicht genug bemüht!" Man muß die Vorteile der Demokratie ausnützen, damit eine gute Politik gemacht wird! Nehmen immer weniger Menschen an der Politik teil, dann werden die Politiker tun, was sie wollen. Sie müssen deshalb keine schlechten Menschen sein, sondern es sind Menschen, die in ein Fahrwasser kommen, wo sie selbst nicht mehr steuern können. Darum merkt euch, bitte: Kontrolle ist wichtig! Engagiert euch, kämpft um die Ausweitung unserer Demokratie, damit ihr nicht das mitmachen müßt, was wir mitgemacht haben.

Anni und Heinrich Sussmann
Macht's den Mund auf und red's!

Anni: Ich möchte euch sagen, daß ich keine Lehrerin, keine Erzieherin bin. Ich will euch auch nicht belehren, ich will euch informieren.

Zunächst werde ich versuchen, einen kurzen Abriß über die Zeit zu geben, die dem Nationalsozialismus vorangegangen ist, und wie wir alle da hineingeschlittert sind. Es ist sicher schwer für euch, euch vorzustellen, daß auch wir einmal jung gewesen sind. – Aber so ist es. Als Kinder haben wir das Ende des Ersten Weltkrieges erlebt. Wir haben erlebt, wie die große Monarchie auseinandergefallen und Österreich eine kleine Republik geworden ist. Ich war ein Mäderl, als ich von den Erwachsenen gehört habe: „Was soll aus dem kleinen Land werden?"

Es war plötzlich ein zusammengestutztes Land mit einem, wie man damals gesagt hat, „Wasserkopf Wien". Das ändert nichts daran, daß wir dieses kleine Stückchen Österreich lieb gehabt haben. Es war unsere Heimat.

Zunächst war die Erste Republik eine Demokratie, und ich möchte gleich hinzufügen: eine sehr junge, sehr unerfahrene Demokratie, etwas, was man bis dahin eigentlich nicht gekannt hat. Ein Mensch, der wie, sagen wir, unsere Eltern und Großeltern immer in der Monarchie gelebt hat und gewöhnt war, nur zu sprechen, wenn er gefragt ist, hat plötzlich eigene Ideen haben dürfen, hat plötzlich frei sprechen dürfen. Das lernt man nicht so rasch. Man wird nicht von einem Tag auf den anderen Demokrat, nur weil man es werden kann. Es war noch viel Obrigkeitsdenken da.

130

Bis heute merkt man den Unterschied zwischen uns und alten Demokratien, wie zum Beispiel Frankreich und England. Es war nur von 1918 bis 1934 Gelegenheit, Demokratieerfahrung zu machen.

Was wir euch vermitteln möchten, ist dieses Demokratiebewußtsein, daß ihr es seid, die das Leben in unserem Staat Österreich bestimmen. Auf euch ruht die Demokratie, auf jedem von euch. Jeder von euch ist für diese Demokratie verantwortlich, jeder hat die Möglichkeit, sie zu bereichern. Von unserer Generation hat nicht jeder begriffen, daß er selbst den Fortgang der Demokratie mitbestimmen kann.

Ich hatte nicht wie ihr das Glück, eine Mittelschule besuchen zu können. Man mußte für den Besuch der Mittelschule viel zahlen, und ich war aus einem sehr armen Haus. Ich habe den üblichen Weg gemacht: Volksschule, dann Bürgerschule, jetzt heißt es Hauptschule. Mit 14 Jahren kam ich in die Lehre und habe die Gesellenprüfung abgelegt, wurde aber Arbeiterin. Ich war nicht sehr lange Arbeiterin, denn – ihr habt das sicher alle gehört – es gab damals eine enorme Arbeitslosigkeit. Österreich hatte 600.000 Arbeitslose. Unter ihnen gab es Vierzigjährige, Fünfzigjährige, die ganz genau wußten, daß sie nicht einmal, wenn eine Konjunktur käme, jemals wieder in den Arbeitsprozeß hineinkommen würden.

Ich war zwei Jahre arbeitslos, bis ich das unbeschreibliche Glück hatte, einen Posten als Assistentin bei einem Zahnarzt zu finden. Bei ihm habe ich sehr viel gelernt und vor allem eines: viel zu lesen. Ich habe sehr, sehr viel gelesen: Marx, Engels, alles, was es an Politischem und auch Literarischem gegeben hat. Ich habe auch „Mein Kampf" gelesen, gleich als das Buch erschienen war. Und ich muß sagen, so wenig gebildet ich war, so habe ich doch begriffen, daß dieser Inhalt

höchst brisant und eine immense Gefahr für unsereinen war – mit „unsereinen" meine ich die arbeitenden
Menschen.

Als im Jahr 1933 Hitler in Deutschland an die
Macht kam, hat man in Österreich in allen Zeitungen
lesen können, was dort vor sich ging. Wir haben
begriffen: Die deutsche Demokratie ist zertrümmert –
trotz einer ungeheuer großen Gewerkschaftsbewe-
gung, trotz der Arbeiterparteien. In Deutschland war
das gleiche Elend wie in Österreich, und es sind Hitler,
wiewohl er damals sogar sehr viele Mitglieder verloren
hatte, doch eine ganze Fülle von Menschen darauf
hereingefallen, daß er Arbeit beschafft hat, schlicht
und einfach: Arbeit. Es verlangt ja kein Mensch viel
mehr vom Leben, als sein Dasein halbwegs menschen-
würdig führen zu können, wenn man aus unseren
Kreisen stammt. Wir haben also gehört, daß der
Nationalsozialismus in Deutschland eine Massenbe-
wegung geworden ist. Wir haben die Gefahr gesehen
und haben versucht, ihr entgegenzuwirken.

Es ist der Februar 1934 gekommen, die große
Auseinandersetzung zwischen der Arbeiterschaft und
dem Gegner, dem Brotgeber. Die Christlich-Sozialen
haben ihrem Namen keine Ehre gemacht! Sie ließen
mit Kanonen auf Wohnhäuser schießen! Es gab Tote
und nach dem Zusammenbruch des Aufstandes der
Arbeiter Todesurteile! Dann kam eine Diktatur. Sie
war nicht so blutrünstig wie die spätere, aber es war
eine Diktatur. Es war ein großer Teil des Volkes vom
Geschehen des Staates ausgeschaltet. Die linken Parteien wurden verboten und jetzt standen wir wie
herrenlos da.

Ihr könnt euch heute an jedem Zeitungskiosk
aussuchen, welche Zeitung ihr lesen wollt. Ihr müßt
euch vorstellen, damals gab es plötzlich einen großen

Teil der Zeitungen überhaupt nicht mehr, und man war gezwungen, aus den vorhandenen Zeitungen zwischen den Zeilen für sich das herauszulesen, was man wissen wollte.

Eines aber gab es auch nach 1934 in allen Zeitungen, die erschienen sind: Die Ereignisse im Dritten Reich. Darüber und über Hitler wurde immer genau berichtet. Wir haben alles verfolgen können.

Wir haben den Prozeß gegen Georgi Dimitrow nach dem Reichstagsbrand mitverfolgen können. Es machte auf uns einen unbeschreiblichen Eindruck, wie dieser Mann, reduziert auf einen Gefangenen der Nazis, im Gerichtssaal eine glühende Anklagerede gegen das Nazi-Regime gehalten hat. Er hat Göring an die Wand gespielt, und letzten Endes mußten die Verhafteten freigelassen werden. Wir haben vom ersten Konzentrationslager, von Dachau, gelesen. Es kamen damals keineswegs Juden hin, sondern solche Menschen, die verdächtigt wurden, eine andere Meinung zu vertreten, als Hitler sie hatte. Das alles konnte man in jeder Zeitung verfolgen. Wir haben also gewußt, was Hitler wollte. Wir haben gesehen, wie sich Österreich auf Italien orientiert hat, das auch faschistisch war. Als Antifaschisten waren wir nicht für Mussolini. Wir haben gewußt: Faschismus ist schlecht für Arbeiter. Mussolini hat leicht mit den Knien geschlottert gegenüber der Übermacht Hitlers und hat uns eigentlich, wie man sagt, „fall'n lassen wie a haße Erdäpfl".

Und nun begannen die mühsamen Canossagänge des damaligen Bundeskanzlers Schuschnigg zu Hitler. Bundeskanzler Dollfuß war das erste österreichische Opfer der Nazis. Er wurde elend abgeschlachtet, und man hat ihn liegen lassen, bis er verblutet ist. Nicht einmal einen Arzt hat man ihm bewilligt. Schuschnigg als sein Nachfolger hat im letzten Augenblick versucht, mit den verbotenen Parteien eine Koalition einzugehen und eine Volksabstimmung zu machen: Österreich oder nicht Österreich. Zu dieser Volksabstimmung ist es nicht gekommen!

Hier beginnen die großen Mißverständnisse! Heute noch, wenn in Festakten, wenn in den Massenmedien über diese Zeit gesprochen wird, redet man vom „Einmarsch der Deutschen in Österreich". Das war kein Einmarsch der Deutschen. Es sind bis an die Zähne bewaffnete Armeen nach Österreich gekommen, begleitet von Luftgeschwadern mit Bombern. Die haben Österreich gewaltsam besetzt! Österreich in seiner Mehrheit hat die Nazis abgelehnt! Das müßt ihr euch wirklich eingraben: Das war kein Einmarsch, das war ein Überfall!

Ein Slogan der Nazis in Deutschland war: „Kanonen statt Butter." Da haben sie Wort gehalten! Kanonen haben sie gemacht und in Deutschland gab es keine Butter! Aber in Österreich gab es noch Butter, und die haben sie als Erstes einmal weggeschleppt. In Österreich wurde alles immer knapper, weil die Nazis sukzessive weggeschleppt haben, was von Wert war. Aber: Sie hatten einer Fülle von Menschen versprochen: „Ihr werdet Arbeit bekommen!" Wiewohl wir, sogar zwischen 1934 und 1938, als wir im Untergrund gearbeitet haben, versucht haben, den Menschen klar zu machen: „Ihr werdet Arbeit in Rüstungsbetrieben kriegen! Hitler ist Krieg!", waren die Menschen ausgehungert und sind ihm auf den Leim gegangen. Sie waren glücklich, daß sie in Rüstungsbetrieben untergekommen sind. Ihr müßt sie deswegen nicht verdammen.

Ich war einmal in der Wohnung einer solchen Familie. Sie wohnte in einem Gemeindebau in der Marktgasse im 9. Bezirk. Da stand ein Kanonenöferl,

134

das man mit Briketts, Holz oder Abfall heizen konnte. Auf ihm stand ein Topf mit Brot und Wasser, das zu einer Brotsuppe verkocht wurde. Zuerst habe ich überhaupt nicht begriffen, was die da machen: Wir hatten eine Besprechung, es ist finster geworden, die Frau hat eine Petroleumlampe angezündet, und ich habe gefragt: „Habt's ihr einen Kurzen?", hat sie gesagt: „Na, aber die Gas und 's Elektrische, des kenn ma ja net zahl'n. Des is uns ja viel zu teuer!" Sie hatten also eine Gemeindewohnung, hatten Gas und Strom, aber sie konnten's nicht derzahlen! Da fragte ich: „Ist dein Mann arbeitslos?" Ihre Antwort: „Ja, ausg'steuert. Wir haben drei Kinder und nur fünf Schilling in der Woche."

Davon hat eine fünfköpfige Familie leben sollen! Dieses Elend müßt ihr euch vor Augen halten, bevor ihr den Stab über die Menschen brecht, die damals in die Rüstungsbetriebe gegangen sind. Sie haben gewußt, jetzt kriegen sie Arbeit und werden nicht mehr altes Brot von wohlhabenderen Menschen sammeln und Brotsuppe für ihre Kinder kochen müssen.

Zur Zeit, als Hitler Österreich überfallen hat, waren mein Mann und ich bereits in Paris. Mein Mann ist Maler, hatte in Berlin gearbeitet und mußte bereits im Jahr 1933 Berlin fluchtartig verlassen, weil er unter anderem sehr viele politische Karikaturen und selbstverständlich auch anti-nationalsozialistische Karikaturen gemacht hat. Er hat erfahren, daß er auf der schwarzen Liste stand und mußte Berlin Hals über Kopf verlassen. Nach einem „Abstecher" zu seinen Eltern in Wien ging er nach Paris, das damals das Mekka jedes Malers war. 1937 heirateten wir in Paris und hatten ein glückliches Jahr.

1938 hörten wir im Radio – Fernsehen gab es noch nicht – die Abschiedsrede des Bundeskanzlers

Schuschnigg, die darin gipfelte, daß er erklärte, er weiche der Gewalt und mit „Gott schütze Österreich!" geendet hat.

Wir haben geweint, aber vor Wut. Wir haben gewußt, daß Gott bestenfalls hilft, wenn man sich selbst hilft. „Gott schütze Österreich" zu sagen, haben wir nicht genügend gefunden und haben als nicht richtig gefunden, daß man der Gewalt weicht. Der Gewalt muß man sich entgegenstellen! Wenn damals in Österreich ein paar Schüsse gefallen wären, wenn es Tote gegeben hätte, wäre vielleicht der große Brand des Zweiten Weltkrieges erspart geblieben.

Es hat auf der Landkarte kein Österreich mehr gegeben! Das war ein Schock. Ich fragte mich: „Wo ist mein Land plötzlich hingekommen?" Bei der propagandistischen Vorbereitung der Volksabstimmung für oder gegen ein unabhängiges Österreich unter der Kontrolle der Nazis hat der spätere Bundeskanzler Renner gesagt, er werde freudig mit „ja" für den „Anschluß" stimmen, und Kardinal Innitzer hatte am Anfang auch nichts dagegen.

Ich blödes Frauenzimmer, das nichts studiert hat außer das, was sie alleine gelernt hat, ich habe gewußt: Wenn Hitler sagt: „Ich werde euch die Arbeitslosen vom Hals schaffen!" – dann wird er sie in die Rüstungsindustrie stecken und wird einen Krieg anzetteln. So blöde Leute wie mich hat es viele gegeben! Es ist selten eine Waffe erzeugt worden, die nicht eines Tages losgegangen ist. Zieht daraus die Lehre: Hütet euch vor Aufrüstung! Hütet euch vor der Waffenproduktion!

Sofort haben wir begonnen, die Österreicher in Paris zu organisieren, haben Empfangskomitees gebildet, weil wir gewußt haben, es werden jetzt viele Emigranten kommen. Und es kamen tatsächlich bald viele –

über die grüne Grenze, durch die Schweiz, durch Frankreich zu Fuß nach Paris. Es waren Intellektuelle, Arbeiter, Juden, Nichtjuden, alles Mögliche, und alle hatten gemeinsam: Sie hatten keine Ahnung von der französischen Sprache.

Ich weiß nicht, ob ihr euch vorstellen könnt, wie das ist, wenn man als Flüchtling in ein Land kommt, dessen Sprache man nicht spricht, wenn man sich mit niemandem verständigen kann, wenn man wie ein Stummer herumläuft. Man ist zwar Arzt, Anwalt, Buchhalter oder Dreher – ein Fachmann auf seinem Gebiet –, aber in dem neuen Land ist man ein Stummerl, das herumgeschoben wird! Wir hatten das Glück, daß wir zu dieser Zeit bereits sehr gut Französisch konnten.

Wir haben die Flüchtlinge auf die Polizeipräfektur begleitet, um zu dolmetschen. Sie erhielten eine Aufenthaltsbewilligung für acht Tage mit der Aufforderung, danach Frankreich zu verlassen. Aber es gab kein Land, das für sie die Grenzen geöffnet und gesagt hätte: „Kommt's zu uns! Wir haben genug zu essen!" Das haben die Franzosen gewußt. Frankreich ist ein altes Asylland und als solches bekannt. Es wurde jedesmal, wenn wir mit den Leuten nach acht Tagen hingegangen sind, weitere acht Tage Aufenthalt bewilligt. Aber das Gefühl war: Acht Tage darf ich noch da sein, acht Tage...! – Man konnte nie sicher sein, ob es verlängert wurde. Arbeit konnten die Flüchtlinge nicht suchen, weil sie sich nicht verständigen konnten, abgesehen davon, daß sie keine Arbeitsbewilligung hatten.

Wir waren in einer Gruppe deutscher und österreichischer Schriftsteller und Maler. Wir machten für die österreichischen Flüchtlinge kulturelle Veranstaltungen, damit sie nicht so ganz verloren waren. Die sind ja unbeschreiblich arm gewesen. Wenn sie jemand auf der Straße angesprochen hat – man hat ihnen ja nicht angesehen, daß sie Ausländer waren – und gefragt hat, wie man zu einer bestimmten Straße kommt, sind die schon vor Schreck käsweiß geworden und haben sich gedacht: „Was will der nur von mir, um Gottes willen?"

Unsere Beschäftigung zwischen 1938 und 1939 war also in der Hauptsache, österreichischen Emigranten zu helfen. Ich muß noch nachtragen: Unter ihnen waren auch Spanienkämpfer der Internationalen Brigaden, die ja den Krieg verloren hatten. Franco, der Diktator, von dem ihr sicher schon gehört habt, hat ihn gewonnen, und diese Spanienkämpfer kamen über die Grenze nach Frankreich und wurden in Lager gesperrt. Wir versorgten sie mit Lebensmitteln, denn sie bekamen sehr wenig zu essen. Das ging bis zum September 1939, als der Krieg begann.

Der Krieg hieß im Französischen zunächst „drôle de guerre", drolliger, merkwürdiger Krieg. Es ist kein Schuß zwischen Frankreich und Deutschland, kein Schuß zwischen England und Deutschland gefallen, aber in Polen sind Schüsse gefallen. Die Nazis haben versucht, es so umzukehren, daß sie von den Polen provoziert worden wären. Die Polen haben sich aber gehütet zu provozieren und sind trotzdem von der deutschen Übermacht überrollt worden. Wer zufällig nach dem Krieg in Warschau war, der weiß, was die Deutschen aus Warschau gemacht haben: ein einziges Trümmerfeld! Mein Mann und ich, wir waren 1947 mit einer Delegation in Auschwitz, sind auch nach Warschau gekommen und haben dieses arme, verbrannte, zerbombte Land gesehen: Der ganze Weg bis zur russischen Grenze war ein Leichenfeld.

Viele österreichische Männer haben sich, als die

Deutschen sich entschlossen haben, Belgien und Frankreich zu überfallen, weil sie schon stark genug waren, freiwillig zur französischen Armee gemeldet, eigentlich schon früher, sofort als die Kriegserklärung kam.

Suss: Dann waren in Paris an allen Ecken Plakate: „Jeder in Deutschland oder Österreich Geborene wird aufgefordert, sich an diesem und diesem Tag im Stade de Colombe (einem Sportplatz) einzufinden und sich registrieren zu lassen." Das war der Anfang der Internierung. Die Franzosen haben nicht unrecht gehabt: Nicht alle, die da flüchtend gekommen sind, waren wirklich Flüchtlinge. Es gab auch welche, die von den Nazis als Spione eingeschleust worden sind.

Wir kamen nach Meslay in ein Lager, wo wir ursprünglich als Kriegsgefangene begrüßt wurden. Allmählich hat sich der Ton uns gegenüber gemäßigt. Dann hat man gesagt: „Geht in die Fremdenlegion, wenn ihr euch schon zur französischen Armee meldet!" Wir aber haben erklärt: „Wenn wir zur Armee wollen, dann weil wir gegen Hitler kämpfen wollen, aber nicht gegen Araber!" So wurde eine neue Art von Militär kreiert: die Prestataire. Das war eine Pionierkompanie, in der wir leider ohne Waffen dienen mußten.

Anni: Wir Frauen blieben unterdessen in Paris. In anderen Teilen Frankreichs wurden auch die Frauen interniert. Dann kam der Juni 1940! Frankreich war von den Deutschen überrollt, und zwei Millionen Franzosen sind aus dem Norden in den Süden marschiert, zu Fuß, auf der Landstraße. Ich war unter ihnen. Ich wußte nicht, wo mein Mann als Pionier mobilisiert war, ich habe überhaupt nichts von ihm gewußt und er nichts von mir. Wir Flüchtlinge sind auf der Landstraße mit Bündeln marschiert, Bauern trugen Hühner unter dem Arm, und die deutschen Tiefflieger haben uns aus Maschinengewehren beschossen.

Ich kam bis zu einer Brücke über die Loire. Dort fragte ich einen französischen Offizier: „Was glauben Sie, wie weit müssen wir, damit wir nicht von den Deutschen eingeholt werden?" Er sagte: „Sie müssen über die Loire kommen, weiter werden die Deutschen nicht gehen. Schauen Sie, daß Sie über eine Loirebrükke kommen, bevor sie bombardiert wird." Bei der Brücke standen grüne Pariser Autobusse mit Schulkindern, die evakuiert werden sollten. Da hörten wir Flugzeuglärm, und ich habe hinauf geschaut. Der französische Offizier sagte: „Ah, das ist nichts! Wenn einer kommt, macht das nichts!"

Es kam aber nicht einer, es kamen drei, und dann noch einmal drei und dann noch einmal drei. Und ich habe gesehen, wie sich schwarze „Punkterln" ablösen. Der Offizier rief plötzlich: „In Deckung gehen!" und ich bin unter einen Tank gekrochen. Die Deutschen haben die Loirebrücke nicht getroffen, aber die Autobusse mit den Kindern! Es war das erste Mal, daß ich gesehen habe, wie Kinderbeinchen in Bäumen hängen, wie ein Brei von Menschenblut und Blech vermischt auf dem Boden liegt. Wir sind über die Brücke gekommen und waren nach einiger Zeit in der Freien Zone.

Ich habe meinen Mann gesucht, überall habe ich gefragt: „Habt ihr einen Henri Sussmann gesehen?" Niemand hatte ihn gesehen. Aber Henri Sussmann hat zufällig jemanden getroffen, der gewußt hat, wo ich war. So bekam ich eines Tages ein Telegramm: „Ich bin in Marseille. Schick Geld. Suss." Daraufhin habe ich mit viel Mühe ein „Laissez passer", einen Passierschein, bekommen, nach Marseille zu fahren, wo ich meinen Mann wiedergetroffen habe. Er war demobilisiert.

Durch einen unbeschreiblichen Glücksfall fanden wir ein winziges Zimmer, waren aber ohne Geld. Alles, was ich bei mir hatte, war ein Kleid und Alben mit Fotographien von Arbeiten und Kritiken meines Mannes. Die Alben schienen mir wichtiger als alles andere. Mein Mann ist auf Arbeitssuche gegangen, ebenso ich, und beide haben wir schließlich Arbeit gefunden. In Marseille lebte damals eine Million Flüchtlinge. Innerhalb kürzester Zeit waren keine Lebensmittel mehr vorhanden. Die Deutschen, die zwar nicht offiziell in Marseille waren, haben dennoch verboten, daß die französischen Fischer aufs Meer fahren und Fische fangen. Wir hatten also auch keine Fische.

Wir haben in Marseille zufällig Österreicher, Tschechen, ja sogar bekannte Franzosen getroffen und sind dann manchmal zusammengekommen. Wir wollten etwas gegen Hitler tun und fragten uns immer wieder: was? Eines Tages hat Marschall Pétain eine Rede gehalten: „Wer immer – in Schrift oder Tat – sich gegen den deutschen Okkupanten wendet, wird mit dem Tode bestraft." Da haben wir gewußt, was wir tun werden.

Wir besaßen drei Erdäpfel. Mein Mann hat als Graphiker gewußt, wie man aus Erdäpfel Stempel schneidet. Ich bin in die Papierhandlung gegangen und habe alles aufgekauft, was es an Pickerln gegeben hat. Wir haben gestempelt: „Trotz Todesstrafe! – Wir kämpfen gegen den Okkupanten!" und haben die Zettel mit ein paar Bekannten, abends im Stockfinstern – es war ja Krieg, also mußte alles verdunkelt sein – geklebt, bei Fabriken, bei Märkten, überall, wo wir angenommen haben, daß viele Menschen vorbeikommen würden. Wir hofften, daß die Leute das entweder nur lesen, oder daß sie sich auch sagen: „Wenn andere das riskieren, dann können wir es auch riskieren."

Nun sind ein paar Österreicher regelmäßiger zusammengekommen und haben beraten, was wir für Parolen schneiden und kleben sollen. Mein Mann hat die Stempel hergestellt. Dann haben wir Zeitungen herausgegeben und mit der Zeit Verbindung zur Résistance, der französischen Widerstandsbewegung, bekommen und wurden schließlich Teil der Résistance. Im Jahr 1942 hat ein Österreicher, der auch Mitglied der Résistance war, für uns eine Rede gehalten und darin gesagt: „Wir werden nicht flüchten vor dem Feind! Wir werden ihm entgegengehen und werden ihn stellen!" Wir haben diesen Wink verstanden und erklärten uns bereit, von der Freien Zone über die Demarkationslinie in die besetzte Zone zurückzugehen, um dort unmittelbar gegen die Deutschen zu kämpfen. Wir hatten sogar mexikanische Visa und haben sie zerrissen. – Ist euch irgendetwas unklar, habt ihr Fragen?

Aber, wenn man von 1934, wenn man vom Dollfußregime spricht, gibt es einige, die sagen: „geteilte Schuld" und andere sagen: „Es war notwendig." Wie war das, Ihrer Meinung nach?

Anni: Jeder hat seinen Standpunkt. Ich finde, es war nicht nur nicht notwendig, sondern ein ungeheurer Fehler, der sich im Jahr 1938 bitter gerächt hat. Dollfuß wird begriffen haben, davon bin ich fest überzeugt, als er dort röchelnd gelegen ist, welchen Fehler er begangen hat. 1938 aber hätte man auf jeden Fall wissen müssen, welche Ziele die Nazis verfolgen! Schuschnigg hat sich ja damals mit Erfolg um die Zustimmung der Arbeiterschaft bemüht. Er wollte eine

Volksabstimmung machen und wollte, daß die Arbeiterschaft, die bis dahin niedergehalten worden war, mit ihm für Österreich stimmt. Es ist gar keine Frage, daß es eine übermächtige Mehrheit für Österreich und gegen Deutschland gegeben hätte. Das hat auch Hitler gewußt. Darum ist er vor der Volksabstimmung einmarschiert.

Hat man in Österreich, als der Hitler da war, wissen können, daß die Juden weg mußten?

Anni: Wenn man etwas nicht sehen will, kann man die Augen schließen. Aber, wenn Menschen mit offenen Augen durch das Leben gegangen sind, dann müssen sie auch gesehen haben, was sich abspielte. Ihr seid hier zwei Klassen, nicht? Nehmt nur eine, eure Klasse allein, schließlich hat es 1938 auch Schulklassen gegeben. Da muß doch den Kindern aufgefallen sein, daß plötzlich viele Bänke leer waren, daß ihre Schulkollegen spurlos verschwunden sind. – Wohin sind die verschwunden? Warum sind die plötzlich verschwunden? Zur Zeit, als Hitler hier die Macht ergriffen hat, lebten in Wien zirca 200.000 Juden. Auch die Erwachsenen mußten sich die Frage stellen: Wieso sind plötzlich so viele Wohnungen frei, wo doch so eine große Wohnungsnot war? Wieso ziehen da Leute ein, die da nie gewohnt haben, und wo sind die hingekommen, die hier gewohnt haben? Wieso setzt sich da einer in die Möbel, in die Wäsche, in das Geschirr derer, die hier gewohnt haben? Das muß aufgefallen sein! So ahnungslos konnte niemand sein!

Hat es Reaktionen von den Franzosen auf Ihre Klebezettel gegeben?

Anni: Es hat Reaktionen gegeben. Für die siegesgewohnten Franzosen war es zunächst ein ungeheurer

Schock, daß sie besiegt worden waren. Sie haben ja geglaubt, durch ihre Maginotlinie wären sie uneinnehmbar. Nachdem sie den Schock überwunden hatten, haben sich sofort kleine Gruppen zusammengefunden, noch bevor es die große organisierte Résistance gab und machten bereits Sabotageakte, Flugblatt-Aktionen, fabrizierten und verteilten „illegale" Zeitungen. Ich habe das Wort „illegal" in diesem Zusammenhang nicht gern. Es ist in Wirklichkeit eine Niedertracht, wenn man sagt, wir hätten illegale Arbeit gemacht. Ich finde, daß ich legale Arbeit gemacht habe. Illegale Arbeit, ungesetzliche, hat der Hitler gemacht. Ich habe nichts Ungesetzliches gemacht. Und es hat eine ganze Reihe von Menschen gegeben, die so wie wir empfunden und so wie wir reagiert haben.

Haben Sie gesehen, daß Leute die Pickerln gelesen haben?

Anni: Ja. Wir waren morgens dabei, wie die Leute, als sie in die Fabrik gegangen sind, die Pickerln gelesen haben, und wir sind dann auf den Markt gegangen und haben gehört, was die Leute gesprochen haben, französisch natürlich. Sie waren im höchsten Maß zufrieden, daß es offenkundig noch etwas gab, das nicht ganz der Meinung von Pétain war.

Wie hat man auf Ihre Zettel, die Sie aufgeklebt haben, reagiert? Sind wirklich Menschen zum Tod verurteilt worden?

Anni: In der Freien Zone gab es zunächst keine Hinrichtungen. Ich glaube, es ist auch niemand erwischt worden. Wir haben ja selbstverständlich streng aufgepaßt. Es ist kein Mensch auf die Idee gekommen, wer das gemacht haben könnte. Es war noch etwas anderes: Es gibt so kleine Beispiele, die die Situation illustrieren. Mein Mann und ich haben öfter im Finstern auf der Straße ein Liebespaar gespielt. Während wir so gemacht haben, als würden wir uns abknutschen, haben wir Zettel gepickt, auch auf Autos. Als wir das wieder einmal machten, blitzte plötzlich eine Taschenlampe auf. Es stand ein Polizist vor uns, schaute sich den Zettel an und sagte: „Ah, non! Für den Wagen bin ich verantwortlich, der gehört Deutschen. Nehmt das herunter und geht woanders hin!" Das ist bezeichnend! Man hat immer wieder gehört, es hätte so viele Kollaborateure in Frankreich gegeben. Sicher hat es auch dort Leute gegeben, die sich am Zweiten Weltkrieg und an den Deutschen bereichert haben. Aber denunziert haben sie nicht. Im Prinzip waren sie für ein freies Frankreich. Und denunziert haben die allermeisten Franzosen wirklich nicht.

Haben die Nazis Spione in die Résistance einschmuggeln können?

Anni: Ja, das gab es. Wir waren sehr vorsichtig, sehr, sehr vorsichtig, aber das gab es trotzdem.

Sie haben aber schon gewußt, wer ein Spion war und wer nicht?

Anni: Nein, das hat man nicht unbedingt wissen können.

Aber benehmen die sich nicht verdächtig?

Anni: Nein, die haben sich nicht verdächtig benommen. Die Spione der Nazis haben sich mitunter monatelang in unserem Widerstandskampf hervorgetan, haben Heldentaten vollbracht und dann plötzlich, wenn sie die ganze Planung und einen großen Teil des

Netzes kannten, eine ganze Gruppe ausheben lassen. Wir zwei sind eine Ausnahme. Uns hat man speziell gesucht und zu zweit verhaftet. Wir waren ein Sonderfall, uns haben sie besonders geehrt.

Suss: Wir waren schon in Marseille ein bißchen organisiert, das heißt, wir waren mindestens eineinhalb Dutzend Österreicher, also eine beträchtliche Zahl, die untereinander Kontakte hatten und wußten, daß wir den Kampf, den wir gegen den Nationalsozialismus begonnen haben, weiterführen wollen. Daher auch der Entschluß, in die besetzte Zone zu gehen, um den Kampf direkt an Ort und Stelle, wo die deutschen Okkupanten waren, zu führen.

Also, wir gingen von Marseille nach Lyon, wo wir uns an einer gewissen Stelle melden sollten, um Direktiven zu erhalten, wie wir weiter nach Paris kommen. Unsere Verbindungsleute waren nicht da. Meine Frau und ich hatten aber einen Koffer mit gefährlichem Material mit uns, den wir in Sicherheit bringen mußten. Da habe ich mich erinnert, daß an einem bestimmten Platz in Lyon ein Österreicher zu finden war, der eventuell eine Verbindung zu dem verlorenen Treff herstellen könnte. Und tatsächlich fanden wir eine Bekannte, der wir den Koffer übergaben.

Es ist eine große Last von uns abgefallen, denn da drinnen war Fälschermaterial, illegale Matrizen, und im Falle einer Verhaftung wäre das eine fürchterliche Sache gewesen, weil auch Namen verzeichnet waren. Wir gingen in ein Hotel und wurden sofort, noch in dieser Nacht, verhaftet und auf die Lyoner Polizei gebracht, der gegenüber wir darauf bestanden, Franzosen zu sein. Sie haben uns auf den Kopf zugesagt, daß wir Fremde sind. Aber mit ein bißchen Trotz und mit

146

dem ungeheuren Willen, ihnen zu beweisen, daß wir doch Franzosen sind, haben wir gesiegt und sind nach drei Tagen unter Entschuldigungen freigelassen worden. Daraufhin wurden wir von Kameraden zehn Tage lang in einem dunklen Zimmer, das wir nicht verlassen durften, versteckt, damit sich unsere Spuren verliefen.

Dann brachten uns Schmuggler in die besetzte Zone. Mit unseren gefälschten Personalpapieren und dem Losungswort nahmen wir Kontakt direkt mit der Résistance auf und der Verbindungsmann sagte zu mir: „Du bist ein Künstler, bereits von unserer Zweigstelle in Marseille als Fälscher ausgebildet, du wirst jetzt in Paris für die Kameraden Papiere fälschen." In Frankreich mußte jeder Franzose, der herumreisen wollte – mit Ausnahme von Paris –, eine sogenannte Identitätskarte haben. Die Identitätskarte konnte man in Papierhandlungen und Trafiken kaufen, ging mit seiner Fotographie auf die zuständige Behörde und bekam das Dokument ausgestellt, das bewiesen hat, daß man Franzose war. Es ermöglichte, sich frei im Land zu bewegen. Nur die Pariser Präfektur hatte Identitätskarten, die man nicht fälschen konnte – so wie bei uns der Personalausweis auf eine Weise gearbeitet ist, daß man erkennen kann, ob er gefälscht ist oder nicht.

Meine Frau mußte herumgehen und Identitätskarten kaufen. Das war nicht so einfach, denn man konnte nicht in eine Papierhandlung oder Trafik gehen und sagen: „Sie, ich brauche 20, 30 oder 50 Identitätskarten." Sie konnte sagen: „Ich brauche eine oder zwei Karten.", sonst hätte sie Verdacht erregt. Manchmal hat sie gesagt: „Wir sind eine große Familie und wollen jetzt wegfahren." Das war schon das Höchste der Gefühle, daß sie vier oder fünf Karten auf einmal bekommen hat.

Die Verbindung mit der illegalen Organisation in Paris hielt meine Frau. Ich war abgekapselt. Sie übernahm die Fotos und übergab sie mir. Ich habe nach der Art der Fotos die Leute „getauft", habe also nach dem Aussehen auf dem Foto konstatieren müssen: Der wird zum Elsäßer. Diese kommt aus den Kolonien. Jener ist ein richtiger Franzose. Ungefähr das Gespür hatte ich schon.

Ich war also, was man heute einen Geheimnisträger nennt, ebenso meine Frau. Ich konnte durch verschiedene Verfahren Stempel fälschen. Mein ganzes Fälscherwerkzeug war ein Malkasten, der einen doppelten Boden gehabt hat. Unter dem doppelten Boden lag das Werkzeug, ich konnte also fälschen, und wenn wir das Gefühl hatten, es brennt, habe ich den Boden schnell zugeschlagen. Das alles war keine einfache Arbeit, zum Beispiel auch deshalb, weil verschiedenes Material, das man dazu gebraucht hat, schwer zu beschaffen war. Ich hatte auch viele technische Überlegungen anzustellen.

Wir lebten in Hotels und mußten, um nicht aufzufallen, so tun, als gingen wir einer normalen Arbeit nach. Da war die Suche: Wie und wo verbringt man die Zeit? Man konnte tagsüber zum Beispiel in Museen oder in die Oper gehen. Die Oper mußte bei Tageslicht spielen, weil zu wenig Elektrizität da war. Dann hatten wir das unerhörte Glück, die Bekanntschaft einer Französin zu machen, die uns untertags ihre Wohnung zur Verfügung stellte. Im Laufe der Zeit haben wir sieben Mal unsere Identität wechseln müssen und sieben Mal haben wir die Hotels verlassen.

Plötzlich hatten wir wegen Verhaftungen von Kameraden die Verbindung zur Widerstandsbewegung verloren. Wir machten uns verzweifelt in ganz Paris auf die Suche, hoffend, daß wir zufälligerweise jemanden finden würden und haben auch einen Kameraden, den wir aus Marseille kannten, getroffen, der ebenfalls seine Verbindungen verloren hatte. Man konnte natürlich nicht eine stundenlange, langwierige Debatte führen, sondern mußte sagen: Morgen, um diese und diese Zeit, dort und dort, treffen wir uns. Dann mußte jeder schauen, ob er beobachtet wurde oder ob er „rein" war. In weiterer Folge haben wir eine Kameradin aus dem Widerstand getroffen. Und wenn drei Widerständler zusammen waren, so waren sie bereits eine Organisation. Wir haben gesagt: Wir werden jetzt als eine sogenannte Widerstandszelle weiterarbeiten. Das war ein großer Fehler, denn die dazugekommene Kameradin hat uns verraten. Wir wurden in unserem Hotel von der Brigade Spéciale, der französischen faschistischen Polizei, verhaftet, auf die Präfektur gebracht, wurden pseudo-verhört und nach zwei Tagen der Gestapo ausgeliefert.

Anni: Ich wurde in die Conciergerie gebracht, wo die Aufseherinnen Nonnen waren. Eine Nonne ist zu mir gekommen und hat gesagt: „Sie sind Österreicherin, vor Ihnen war schon eine Österreicherin da!" Ich habe geglaubt, sie meint das lieb und will mir eine Nachricht stecken. Ich habe gefragt: „Ja, wer?" Da hat sie gesagt: „Marie Antoinette, sie ist geköpft worden!" Das hat mich sehr beruhigt, und ich hab' halt gewartet, was sein wird.

Eines Tages wurde ich aus der Zelle auf die Straße hinausgeführt. Da standen: ein Volkswagen, zwei Herrn in Ledermänteln und mein Mann. Da habe ich gewußt, was los war! Mein Mann und ich wurden mit Handschellen aneinander gefesselt, mußten in den Wagen steigen und fuhren in eine sehr vornehme Gegend, in die Avenue Foch. Dort hatte die Gestapo ein ganzes Haus beschlagnahmt, das so präpariert war, daß man auch Schreie nicht gehört hat. Wir sind in einen Raum hineingekommen, in dem lauter hohe SS-Offiziere standen, die uns begrüßt haben: „Na, jetzt haben wir endlich die Künstler! Und nun ist es aus mit dem Leben, nun werden sie erschossen!"

Damit haben wir gerechnet gehabt. Wir hatten zur Zeit, als wir noch frei waren, vereinbart, daß uns – im Fall einer Verhaftung – das Leben verlängert, wenn nicht gerettet werden kann, wenn wir schweigen. Uns war klar, daß sie von uns wissen wollen, wie manche Leute hießen. Wir hatten sie ja getauft und wir kannten ja ihre Fotos. Das war für die Gestapo wichtig. Sie hatten Massen an Fotos, die sie mir vorlegten.

Zuerst waren zwei Deutsche da, die sehr preußisch gesprochen haben. Ich habe Zeit gewinnen wollen und gesagt: „Ich weiß net, ich versteh' Sie gar nicht. Sie reden so komisch! Was sind Sie für Landsleute?" Da haben sie gesagt: „Ach so! Verstehe schon! Werden zuständige Stelle schicken." Dann kam ein Wiener herein, der um nichts besser als seine Vorgänger war. Er hat gesagt: „Ja, ja, sie werden erschossen, gell." und ich habe gesagt: „Na, werden wir sehen, wer erschossen wird."

Ich weiß nicht, ich kann euch das schwer erklären: Es gibt so etwas wie eine Schrecksekunde, die war bei der Verhaftung. Dann hatten wir es hinter uns und wir wußten: Jetzt geht's um Kopf und Kragen! Es war uns klar: Wir müssen jede Sekunde präsent sein.

Der Herr Brausig hat mir Unmengen Fotos vorgelegt. Ich habe die gar nicht angeschaut und bei jedem gesagt: „Nein, nein." Plötzlich habe ich eine ungeheure Watschn gekriegt, und er hat gefragt: „Den kennen S' net?" Da habe ich gesehen, er hatte mir eine Fotographie meines Mannes untergeschoben gehabt.

Ich rechtfertigte mich: „Na ja, ich hab' net so gut hingeschaut."

Er war nicht nur roh, sondern zum Glück auch blöd. Ich bin am ersten Tag neun Stunden verhört, nicht immer freundlich verhört worden, aber wenn ich das Gefühl hatte, jetzt geht's nicht mehr, habe ich irgendwelche Fragen gestellt, wie: „Sagen Sie einmal, gibt's noch Mannerschnitten in Wien?", und der Depp ist darauf eingegangen und hat mir einen längeren Vortrag über Mannerschnitten gehalten. Während der Zeit konnte ich mich ausruhen. Am Ende seines „Vortrages" habe ich gefragt: „Ist noch der Stephansturm auf der rosa Packung?", und er hat weiter von den Mannerschnitten gesprochen. Dann ist es wieder angegangen, aber ich war ein bißchen erholt.

Noch am ersten Tag wurden wir in Panzerwagen gesteckt, die nur oben Luftlöcher hatten. Durch die schaute ich hinaus, habe einen französischen Offizier in Uniform gesehen und geglaubt, daß er auf uns aufpaßt. Also, habe ich auf Französisch hinausgeschimpft: „Du Schwein! Die Nation wird sich für dich eines Tages schämen! Wofür gibst du dich her! Was bist du für ein Franzose!" Er blieb seelenruhig stehen. Als wir dann in einem Gefängnishof aussteigen mußten, standen schon eine Menge Häftlinge habt acht. Ich fand den französischen Offizier und sah, daß er waffenlos war. Ich hatte ihm Unrecht getan gehabt, er war verhaftet. Wir kamen nebeneinander zu stehen, und er hat mich sehr freundlich angelächelt. Er war offenkundig sehr zufrieden mit mir. Es gingen SS-Leute zwischen den Reihen durch und haben gesagt: „Die! Der! Die!" Auch zu dem französischen Offizier haben sie gesagt: „Der!" Alle, die so Bezeichneten wurden am nächsten Morgen erschossen.

Ich wurde in eine Art Keller geführt und von einer

Aufseherin mit einem Fußtritt in eine Einzelzelle hineinkatapultiert. Ich stand allein in der Zelle und habe mich umgeschaut. Plötzlich hörte ich auf Französisch: „Kamerad, Kamerad! Bist du allein?" Ich habe mich wieder umgeschaut, es war kein Mensch da. Dann hat es wieder geheißen: „Kamerad, Kamerad! Bist du allein?" Ich bin da gestanden und habe laut vor mich hingesagt: „Ja". Dann hat die Stimme gesagt: „An der Wand ist eine kleine Luke. Unter diese Luke stellst du den Sessel, roll die Matratze vom Bett ein, leg sie auf den Sessel. Hast du sonst noch irgendetwas?", habe ich gesagt: „Nein", „Dann stell dich hinauf, nimm das schwarze Papier zum Verdunkeln, das beim Fenster steht (Das war eine lange Rolle.) steck es in die Luke. Wir sind ober dir, wir können mit dir sprechen!" Ich habe nicht gewußt, wer das war, und habe es trotzdem gemacht.

Jetzt hörte ich dieselbe Stimme: „Wir hier oben sind vier in einer Zelle. Bekommst du Rot-Kreuz-Pakete?" Ich habe gesagt: „Ich bekomme weder ein Rot-Kreuz-Paket, noch habe ich das Recht auf Vergünstigungen. Ich darf nicht einmal ein geöffnetes Fenster haben." Da haben sie gesagt: „Wir adoptieren dich. Wir werden dir Lebensmittel schicken. Brauchst du sonst noch irgendetwas?" „Ja, Zigaretten" antwortete ich. Plötzlich ist mir eingefallen, ich muß ihnen um Gottes willen folgendes sagen: „Hört zu, Kameraden! Ich möchte euch gleich sagen: Ich bin keine Französin, ich bin Österreicherin, und meine Landsleute fliegen mit den Deutschen über eure Städte und bombardieren sie. Ihr müßt mich nicht adoptieren, wenn ihr nicht wollt." Daraufhin fragten sie: „Wie lautet deine Anklage?" „Terrorist." Ihre Reaktion: „Das genügt uns. Bleib da oben stehen. Du wirst es rascheln hören, dann greif tief in die Luke hinein. Da wirst du ein Sackerl finden. Das Schnürl aber mußt du lassen! Das ist sehr kostbar für uns, sonst können wir dich nicht ernähren. Nimm das Sackerl von dem Schnürl ab. Da drinnen ist ein Pulver. Wenn du die Suppe kriegst, wirf das Pulver, bevor du in die Suppe hineinschaust, hinein und misch es durch."

Ich bekam also ein Pulver, zwei Stück Zucker, ein Stückchen Schokolade, vier Zigaretten, geviertelte Zündhölzer und ein winziges Stückchen Phosphorpapier, um die Zünder anreiben zu können. Das war die erste Manifestation von Solidarität, die ich erlebt habe.

Plötzlich habe ich gewußt, was Solidarität ist, was es heißt, daß mir Menschen, die man nicht gekannt hat – ich habe diese Frauen nie im Leben gesehen, ich weiß nicht, ob sie überlebt haben –, daß mir wildfremde Menschen geholfen haben, nur weil sie gewußt haben, daß ich Todeskandidatin war. Das war für mich eine ungeheure Ermutigung!

Die folgenden Verhöre waren nicht sehr angenehm. Eines Tages sagt der Herr Brausig: „Na ja, jetzt werden bald Sie auf meinem Platz sitzen und ich werd' dort sitzen, wo Sie jetzt sitzen." Und ich fragte: „Ja, warum denn?", obwohl ich genau wußte, was er meinte. Er: „Na ja, die zweite Front ist eröffnet." Das hatten bereits Häftlinge in den Gefängnishof hinausgeschrien gehabt. Ich habe aber getan, als wüßte ich nichts: „Gehn S', das glaub' ich Ihnen nicht. Das ist ein Schmäh. Das schreiben die schon die ganze Zeit, von der zweiten Front, das ist nicht wahr." Er antwortete: „Freilich ist das wahr, die zweite Front ist gemacht. Soll ich Ihnen die Nachrichten einschalten?" Er hat wirklich die Nachrichten eingeschaltet. Ich habe gehört, daß die zweite Front in Caen ist und als ich in meiner Zelle zurück war, habe ich einen Löffelstiel genommen, das Fenster eingeschlagen und die neuesten Nachrichten in französischer Sprache hinausgebrüllt.

Nachdem die zweite Front eröffnet worden war, gingen die Verhöre immer schneller vor sich. Jetzt hatten sie es eilig, die „Herrn". Es ist ihnen ja auf der ganzen Front schlecht gegangen. Eines Tages war ich wieder bei einem solchen Verhör. Der Mann hat mit mir nur gesprochen per „du Schlampen, du Sau, du...", also nur Schimpfworte und nur per du. Auf einmal war Fliegeralarm. Er springt auf und sagt: „Auf, auf! In den Luftschutzkeller!" Ich dachte mir: „Mich wird er doch nicht mitnehmen. Ihm ist doch wurscht, ob ich draufgeh' oder nicht!" und bin sitzen geblieben. „Auf, auf! Alle in den Luftschutzkeller!" Wir sind mit dem Aufzug in den Keller gefahren, und man hat die Motorengeräusche der Flugzeuge gehört. Da sind SS-Verhörer gestanden und Häftlinge, und ich sag' ganz laut vor mich hin: „Jessas, wär' des schön, wenn jetzt da eine Bombe einefahrert, dann wären wir alle frei." Da sagt der Kerl, der die ganze Zeit mit „du Schlampen, du Sau", und was weiß ich alles, mit mir gesprochen hat, plötzlich: „Frau Sussmann, das dürfen Sie nicht sagen. Vor Gott sind wir alle gleich." Ich habe gesagt: „Oh nein, ich möcht' schon bitten! Der wird schon einen kleinen Unterschied machen zwischen uns." Also, es ist keine Bombe hineingefallen und oben hat er mir's heimgezahlt!

Ich wußte nichts von meinem Mann! Ich wußte nicht einmal, ob er überhaupt noch am Leben war. Ich war Sportlerin und habe daher ziemlich viel ausgehalten. Er war Maler und hat nicht Sport betrieben. Ich habe nicht gewußt, was er aushalten wird. Ich wurde dann noch einmal abgeholt, wurde aber nicht verhört, sondern in einen halbdunklen Raum gebracht. Da saß eine Gestalt in einem Winkel zusammengekauert. Es kam ein Gestapobeamter und hat gesagt: „Na, jetzt gehen wir's an!" Das war „Herr" Duschak. Er ist auf die Gestalt los, und als die Gestalt zu sprechen begann, habe ich an der Stimme erkannt, daß es mein Mann war. Er war so zugerichtet, daß ich ihn nicht erkannt hatte! Sie haben meinen Mann vor mir gefoltert und erwartet, daß entweder er oder ich „auspacken" würde. Mein Mann wurde öfter ohnmächtig. Da haben sie so „zärtlich" einen Kübel Wasser über ihn geschüttet. Wir haben uns heimlich verständigt und ich wußte: Ich muß schweigen!

Was haben die mit Ihnen gemacht, daß Ihre Frau Sie nicht erkannt hat?

Suss: Ich wurde mit den Füßen aufgehängt und blieb stundenlang so hängen. Wenn das vorbei war, wurde ich zu einer „Kühlung" in eine Badewanne untergetaucht, das heißt, ich wurde fast ertränkt. Knapp vor dem letzten Röcheln wurde ich herausgezogen und die Verhöre gingen weiter. Meine Frau wurde in meiner Gegenwart verhört. Sie hat mich nicht erkannt, weil ich derart verschwollen war. Ich habe ihr mit den Lippen gezeigt, daß ich geschwiegen habe und weiterhin schweige.

Anni: Nachdem die nichts aus uns herausgekriegt hatten, bin ich in meine Zelle zurückgebracht worden. Bald ist die Tür wieder aufgegangen und es hat geheißen: „Auf, auf! Zellenwechsel! Eine Minute Zeit!" Ich habe keine Minute gebraucht, habe meinen Mantel genommen und bin vor die Zelle getreten. Ich habe nicht gewußt, was passieren würde. Ich habe nicht gewußt, ob ich jetzt erschossen werde. Man führte Kameradinnen und mich ins Freie und transportierte uns auf einem Lastwagen ab. – Wir wußten nicht, wohin!

Wir kamen in das Sammellager Drancy. Gleich nach der Ankunft hat man mir gesagt: „Dein Mann ist schon da." Ich weiß nicht, ob ihr euch das vorstellen könnt: Als ich aus dem Gefängnis hinausgefahren bin, habe ich zurückgeschaut und gedacht: Wer weiß, ob mein Mann überhaupt noch lebt. Vielleicht ist er schon vor mir hingerichtet worden! – Ich habe ja damit gerechnet, daß ich jetzt hingerichtet werde. Und in Drancy sagt man: „Dein Mann ist schon da." Ich habe das für einen Irrtum gehalten. Aber er war wirklich da!

Nach einigen Tagen brachte man uns zur Bahn und führte uns in Viehwaggons, auf denen stand: „Acht Pferde oder 16 Mann". Wir aber waren eng aneinander gedrängt zirka 110 Personen in einem solchen Viehwaggon. In einem Eck stand eine Tonne, ungefähr wie eine Benzintonne. Wir wußten nicht, wozu diese Tonne gut sein sollte, bis wir begriffen haben, daß das das Klo für uns 110 Leute war. Unter uns war auch eine blinde Frau und zwei gelähmte Personen. Die mußte man auf dieses Faß hinaufheben. Die schmalen Fenster, die man für Tiere offen läßt, damit sie die Nüstern hinausstrecken können, waren mit Brettern und Stacheldraht vermacht. Dadurch haben wir auch nicht gesehen, welche Strecke wir fuhren. Wir waren im finsteren Waggon und haben überhaupt nichts gewußt! Abwechselnd mußten sich immer wieder andere besonders eng zusammendrängen, damit sich ein paar niedersetzten konnten. Bald war die Tonne voll und ist übergeschwappt. Ein Teil des Waggons war voll mit Exkrementen und dadurch wurde der Raum für uns noch kleiner.

Wir waren in diesem Waggon ungefähr acht Widerstandskämpfer, der Rest waren Zivilisten, die keine Ahnung hatten, was man ihnen eigentlich vorwirft. Französische Juden haben ganz einfach nicht begrif-

156

fen, was man von ihnen „wollte". Sie haben gesagt: „Ich bin doch ganz in Ordnung! Ich habe alle Papiere beisammen!" Einer hat gesagt: „Ich bitte Sie! Ich bin Apotheker von Beruf, ich tu doch keinem Menschen etwas!" Nach zwei Tagen wurde die Waggontüre aufgerissen, man durfte das Faß hinaustragen und ausleeren, und wir bekamen nach zwei Tagen das erste Mal Wasser zu trinken.

Nun gab es in unserem Waggon Lebensmittel. Wir Widerstandskämpfer haben zu den anderen gesagt: „Hört einmal! Vielleicht kommen wir in ein Konzentrationslager. Dort sind Häftlinge, die viel länger als wir hungern. Essen wir so wenig wie möglich, und heben wir die Lebensmittel für die Häftlinge im Lager auf, die schon lange dort sind!" Alle haben sich daran gehalten, keiner hat sich widersetzt!

In der vierten Nacht wurden die Türen aufgerissen, Männer in gestreiftem Häftlingsgewand stürmten herein und riefen: „Hinaus, hinaus, hinaus! Gepäck stehen lassen!" Es waren ja auch Leute unter uns, die zu Hause abgeholt worden waren und denen man gesagt hatte: „Sie werden umgesiedelt!", die daher Gepäck mithatten. Wir hatten kein Gepäck, und die, die auf der Straße zusammengefangen worden waren, hatten auch keines. Wir sind ausgestiegen und jetzt hat es geheißen: „Männer und Frauen extra!" Da habe ich das letzte Mal meinen Mann gesehen!

Dann hieß es: „Frauen in Fünferreihen aufstellen!" Nun mußten wir an einem hohen SS-Offizier, der sehr elegant war, vorbeimarschieren. Der hat nur nach rechts oder links gedeutet. Wir haben nicht gewußt, was das bedeutete.

Wir kamen in eine Baracke – in Auschwitz hat man das Block genannt –, wo wir uns splitternackt ausziehen mußten, alte Frauen, junge, ganz junge Mädchen, in der Hauptsache Französinnen, ganz wenig Österreicherinnen und eine Deutsche. Wir mußten uns – da sind SSler, auch Häftlinge herumgestanden –, wir mußten uns splitternackt ausziehen. Die jungen Mädchen haben sich geschämt und haben geweint. Ich sagte zu ihnen: „Eine Französin weint nicht vor dem Feind.", und sie haben aufgehört zu weinen. Dann mußten wir ein Stück weitergehen. Da saßen in einer Kolonne Häftlinge in Häftlingsgewändern, die haben uns die Kopfhaare rasiert, die Achselhaare rasiert, die Schamhaare rasiert, dann mußten wir weitergehen. Alles, was wir behalten durften, waren die Schuhe.

Wir kamen zu einem winzig kleinen Bassin, vielleicht 20 Zentimeter tief, genannt „Desinfektion". Das war schon ein Krankheitsherd für sich. Da mußten wir uns eintauchen, die Aufseherinnen haben noch die Schuhe eingetaucht, damit sie recht naß wurden. Durch dieses „Desinfektionswasser" sind Hunderte Menschen gegangen!

Jeder wurde ein Häftlingsgewand zugeworfen und da hat eine Französin zu mir gesagt: „Du sprichst doch Deutsch. Sag ihnen, daß sie vergessen haben, uns Wäsche zu geben." Ich habe das gesagt. Das war der erste Holzknüppel auf meinem nackten Kopf! Mir ist dabei ein Stück meiner Wirbelsäule abgesprungen. Jetzt haben wir gewußt, woran wir sind.

Vor der Baracke standen gröhlende SS-Männer mit irgendwelchen Glasflaschen. Sie haben die Flaschen zerbrochen und auf den Weg, den wir gehen sollten, aufgestreut. – „Statt Rosen", haben sie gesagt. Wir gaben die Parole aus, die Frauen sollen die Schuhe, trotzdem sie naß waren, anziehen, weil wir ja ansonst barfuß gewesen wären. Die, die das gemacht haben, sind zumindest unverletzt bis zu unserem Wohnblock gekommen, die anderen haben sich tiefe Schnittwunden in den Sohlen zugezogen.

Es war stockfinstere Nacht, als wir in den Block kamen. Eine Frau im Häftlingsgewand, einen Stock in der Hand, empfing uns: „Hier ist kein Sanatorium!" – Das hatten wir schon bemerkt gehabt! Sie kommandierte: „Alles auf die Betten!" Die Betten, das waren drei Stockwerke Holzpritschen. Wir hatten gedacht, der Block wäre leer, und es war ja finster! Als wir in die Betten wollten, haben wir gemerkt, daß sie schon belegt waren. Wir sind also auf einer Holzpritsche statt acht Frauen 16 Frauen eng zusammengepfercht gelegen. Sofort haben uns die Frauen, die schon dort waren, gefragt: „Woher kommt ihr? Wie schaut die Front aus?" Wir berichteten, daß die zweite Front eröffnet war und daß es den Deutschen schlecht ging. Die Frauen haben gesagt: „Das nützt uns überhaupt nichts! Wir kommen hier nicht mehr lebend hinaus! Wir kommen nur mehr durch den Schornstein hinaus." Sie haben uns sofort von den Gaskammern, von den Krematorien, von den anderen Möglichkeiten, ums Leben zu kommen, erzählt. Ich muß euch sagen, wir haben ihnen nach der ganzen Prozedur, die wir hinter uns hatten, immer noch nicht geglaubt.

Am nächsten Tag, es war stockfinster, ist mit Stöcken auf die Betten gehaut worden und es hat geheißen: „Antreten, antreten! Latrine!" Wir waren im Lager Birkenau, wo sich zwischen 20.000 und 60.000 Frauen befanden. 60.000 waren es nur kurze Zeit, denn wenn die „Belegschaft" so zahlreich war, wurden viele ins Gas geschickt. Es gab zwei Latrinen, also zwei Baracken, in denen sich Betonplatten mit Löchern befanden. Pro Baracke 350 Löcher; zwei Latrinen, das heißt 700 Löcher für mindestens 20.000, höchstens 60.000 Frauen gedacht. Man hatte etwa fünf Minuten

Zeit, um seine Bedürfnisse zu erledigen. Es gab ein ungeheures Stoßen und Drängen, weil jeder ein solches Loch vor dem Zählappell ergattern wollte.

Noch bevor man überhaupt zu seinem Loch gekommen war, hat es geheißen: „Antreten, antreten! Zählappell!" Wir mußten im Freien antreten, es war noch immer finster und mußten habt acht stehen, Stunden um Stunden.

Es gab Frauen, die auf der Latrine ihre Bedürfnisse nicht hatten erledigen können, denen, während sie stramm standen, das Wasser hinuntergeronnen ist. Ruhrkranke standen neben uns. Man sah Blut auf dem Lehmboden und wir standen. Wir standen, und es hat getagt, wir standen und die Sonne ist aufgegangen, wir standen und unsere nackten Köpfe waren in der Sonne und man konnte beim Vordermann zuschauen, wie sich seine Kopfhaut rötete, wie sich Blasen bildeten und man hat gewußt: „So wird es auch bei mir sein!" Nach vielen Stunden kamen zwei SS-Offiziere, die Blockälteste mußte mit einem Heft in der Hand vortreten und melden: Soundsoviel Zugänge, soundsoviel Bestand, soundsoviele Abgänge. Die Abgänge waren die Toten. Der SSler hat seine Unterschrift druntergekritzelt und ist abgezogen.

Jetzt kam die fast noch schwerere Zeit. Wir durften nirgends sein! Tagsüber durften wir die Baracke nicht betreten. Es gab zwar eine zementierte Lagerstraße, aber die durften wir auch nicht betreten. Zwischen den Blöcken war Lehmboden, wo wir eigentlich auch nicht sein durften. Aber irgendwo mußten wir ja sein, also hielten wir uns auf dem Lehmboden auf, der von Blut und Exkrementen getränkt war. Da standen wir. Wir Neuankömmlinge wurden noch einmal aufgerufen, mußten antreten, dann den linken Arm hinhalten. Jeder wurde eine Nummer eintätowiert. Von da an war ich nicht mehr Anni Sussmann, sondern nur mehr eine Nummer. Ich mußte mich melden: „A 16809"

Schon beim ersten Zählappell haben uns die alten Häftlinge die Krematorien gezeigt. Wir haben diesen dichten, schwarzen Rauch aufsteigen gesehen und haben ihn gerochen. Sie haben uns gezeigt, wo die Gaskammern stehen. Wir konnten das nicht fassen! Die Mörder waren ja Menschen aus Österreich, aus unserer Heimat und Menschen aus Deutschland, aus dem Land Goethes und Schillers! Wir fragten uns immer wieder: „Ist das möglich?" Wir haben einige Tage gebraucht, bis wir die Wahrheit begriffen hatten.

Wir durften uns den Gaskammern nicht nähern. Trotzdem habe ich einmal so eine Mordaktion erlebt. Weil ein zu großer Transport gekommen war, wurden so viele Menschen in die Gaskammern hineingepfercht, daß das Zyklon B nicht ausgereicht hat. Plötzlich hieß es für uns: „Alles in die Blocks!" Wir wurden eingesperrt, dann hat man Lastwagen gehört, und als ein bestimmter Block mit den Todeskandidaten gefüllt war, durften wir wieder hinaus, aber uns nicht dem bestimmten Block nähern. Ich hör' das heute noch, sag' ich euch, wie die Menschen nach Luft gerungen, wie sie gestöhnt haben, wie sie also langsam zugrunde gegangen sind. Es hat drei Tage gedauert. Zuerst war es sehr laut, dann ist es immer stiller geworden. Nach drei Tagen wurden wir wieder in unsere Blocks eingesperrt, es kamen wieder Lastwagen, auf die die Leichen hinaufgeworfen wurden, und die sie ins Krematorium brachten.

Es hat noch etwas anderes Schreckliches nicht weit hinter meinem Block gegeben. Manchmal hörten wir in der Nacht furchtbares Schreien wie von Frauen, wie von Kindern. Es war sehr unheimlich. Ich wollte nicht, daß eine so schreckliche Stimmung aufkommt und habe gesagt: „Das machen die absichtlich. Das sind Schallplatten." Nach dem Krieg hat sich herausgestellt, daß sich nicht weit von meinem Block ein Scheiterhaufen befunden hatte, auf dem Frauen mit Kleinkindern lebend verbrannt worden waren.

Das sind Tatsachen, die ihr heute von mir noch hören könnt. Aber es wird nicht mehr lange Augen- und Ohrenzeugen geben. Ich gebe es an euch weiter in der Hoffnung, daß ihr euch irgendwann in späterer Zeit daran erinnert und es euren Kindern weitergebt. Es ist wichtig, auch in Zukunft Menschen davor zu bewahren, ihr Menschsein zu verlieren.

Haben da die Leute keinen Widerstand versucht?

Anni: Wir bekamen morgens grünes, heißes Wasser, um das sich die Frauen, die schon lange dort waren, prügelten. Sonst gab es nichts. Als wir erkannt hatten, daß das lediglich Wasser war, haben wir sofort die Parole ausgegeben: „Wir geben unsere wertvollen mitgebrachten Energien nicht für etwas ab, was uns keine Energie ersetzen kann!"

Zu Mittag bekamen wir ein Stück Brot. Besteck war verboten, Handtuch war verboten, Seife war verboten und das Betreten der Waschbaracke war verboten. Wir durften uns nicht waschen. Aber in der Baracke war eine große Aufschrift: „Eine Laus – dein Tod". Jetzt haben wir den Kameradinnen gesagt: „Paßt auf, wir sind fünf Widerstandskämpferinnen. Wir werden die Aufseherinnen von der Baracke weglocken, wir lassen uns schlagen und ihr schaut, daß ihr euch wascht. Wenn eine die Krätze kriegt, gehen alle ins Gas!" So haben wir es gemacht. Die anderen Frauen sind in die Waschbaracke gelaufen und haben sich, natürlich ohne Seife, so gut es ging, gewaschen.

Unser größter Erfolg war: Am zweiten Abend

sagten Holländerinnen zu uns: „Paßt auf, ihr könnt euch ja nicht täglich für uns schlagen lassen. Wir werden das jetzt nationsweise machen. Jeden Tag wird eine andere Nation sich prügeln lassen, damit sich die anderen waschen können." Das war ein großer Erfolg! Als unsere Blockälteste gesehen hat, daß wir renitent sind, hat sie uns gegeneinander ausspielen wollen. Sie hat zum Beispiel gesagt: „Eine Polin hat einer Ungarin ein Stück Brot gestohlen. Alle Polinnen müssen nach dem Zählappell eine Stunde knien!" Wir haben die Parole ausgegeben: „Es kniet nicht nur eine Nation! Wir knien alle tausend Frauen nieder!" Als die Blockälteste gesehen hat, daß wir stur alle knien, hat es sie nicht mehr gefreut und sie hat uns alle aufstehen lassen. Nach noch einem, etwas anderen Versuch, uns gegeneinander auszuspielen, der ihr auch nicht gelungen ist, hat sie es aufgegeben. Das hat den Frauen ein gewisses Rückgrat gegeben! Sie haben das Gefühl gehabt: „Also, so ganz hilflos sind wir nicht."

Abends, vor dem Abend-Zählappell, kam ein Faß mit zwei durchlaufenden Hölzern, in dem die Suppe drinnen war. Fünf Frauen bekamen zusammen einen einzigen zerbeulten Emailnapf. Er wurde einmal mit Suppe gefüllt und zu fünft mußten wir wie die Tiere aus diesem Napf die Suppe schlürfen.

Wir mußten begreifen, daß wir Freiwild waren. Jeder SS-Mann hatte zu jeder Zeit das Recht, jeden Häftling zu erschießen, zu erschlagen, zu erwürgen. Es hat ihn niemand gefragt: „Wo ist der Häftling hingekommen?" Er war niemandem Rechenschaft schuldig!

Ich habe einmal gehört, wie zwei SS-Leute miteinander sprachen: „Wetten, ich laß die springen und treff' sie mitten in die Kniescheibe!" Und er hat die Wette gewonnen. Er hat sie mitten in die Kniescheibe getroffen! Er ließ sie auf einer Tragbahre wegtragen und ließ ihr das Bein amputieren. Der SSler hat die Kameradin täglich besucht und geschaut, ob die Wunde gut verheilt. Er ließ ihr Krücken bringen, hat ihr zugeschaut, wie sie lernte, auf Krücken zu gehen. Als sie das alles überstanden hatte und erlernt hatte, mit Krücken zu gehen, hat er sie ins Gas geschickt.

Eines Tages stand neben mir in der Kolonne ein Mädchen, das wahrscheinlich jünger war als ihr, etwa 17, maximal 18 Jahre. Wir mußten alle habt acht stehen. Ich kannte dieses Mädchen neben mir nicht. Ich kenne bis heute ihren Namen nicht. Es kam ein SS-Mann, blieb vor ihr stehen und hat sie angepfaucht: „Niederknien!" Sie war eine Französin und hat kein Wort Deutsch verstanden. Sie ist also noch „habt achter" gestanden, und er hat wieder gebrüllt: „Niederknien!" Da ich wußte, daß sie eine Französin war und ihn nicht verstehen konnte, habe ich ganz laut gesagt: „Ich übersetze." und habe zu ihr französisch gesagt: „Er verlangt von dir, daß du vor ihm niederkniest." Daraufhin hat das Mädchen den Kopf gehoben und gesagt: „Sag ihm, eine französische Jüdin kniet nicht vor dem Feind." Das Mädchen ist von dem SSler niedergerissen worden, und vor unseren Augen hat er dieses junge Mädchen zu Tode getrampelt. Sie ist tot weggetragen worden.

Ich erzähle euch diese Dinge nicht, um Gruselfilme zu ersetzen, sondern weil ich möchte, daß ihr begreift, was Nationalsozialismus, was dieses „Hirngespinst" aus Leuten machen kann. Ich weiß nicht, wie man diese SS-Leute, die ich dort gesehen habe, bezeichnen soll. Menschen waren sie bestimmt nicht, das hat man ihnen ausgetrieben gehabt. Ich verstehe auch nicht, wenn von offiziellen Seiten in diesen Zusammenhängen immer von Verletzung der Menschenwürde gesprochen wird. Unsere Würde ist nie verletzt worden, wir haben sie immer behalten! Dieses Mädchen, das sich tottrampeln ließ, ist in Würde gestorben! Würde verloren haben diese programmierten Vorläufer der Roboter, die auf Menschen herumgetrampelt sind. Die waren würdelos, die wußten gar nicht, was Würde ist. Ich bitte dich, Suss, mich abzulösen.

Suss: Ich will nicht sehr viel über das Männerlager erzählen. Das Männerlager war das Stammlager, und im Unterschied zu Birkenau gab es keine Holzbarakken, sondern ehemalige österreichische Kasernen aus der Monarchie noch. Im Lager selbst hat es eine große Widerstandsbewegung gegeben. Nachdem ich im Quarantäneblock gewesen war, mußte ich zur Straßenarbeit antreten. Die Straßenarbeit wurde außerhalb des Zentrallagers gemacht und bestand darin, daß wir Pflastersteine aufgehoben und von einer Ecke zur anderen getragen haben. Plötzlich habe ich hinter dem Stacheldraht vis-à-vis von mir, ungefähr 100 Meter entfernt, eine Kameradin aus der Résistance erkannt.

Am nächsten Tag meldete ich mich zu einer schweren Arbeit, die in der Nähe des Stacheldrahtes zu leisten war. Als ich bei ihr vorbeikam, habe ich ein Millionengeschenk von ihr bekommen und zwar eine Zwiebel und ein Taschentuch! Auf ihre Frage konnte ich ihr noch meine Nummer nennen und mußte schon wieder weiterarbeiten.

Am Abend im Block wurde meine Nummer aufgerufen. Man sagte mir, daß ich zum Eingang kommen muß. Ich war beunruhigt, ich wußte ja nicht, was das bedeuten sollte. Da stand ein alter Freund von meiner Frau und mir: Hermann Langbein! Er war durch die Kameradin über Wege des Widerstandes verständigt, daß ich im Lager bin. Somit wurde ich in die Widerstandsorganisation im Stammlager eingegliedert.

Während der Zeit, als ich in einer DAF-Organisation – DAF steht für Deutsche Arbeitsfront – zu arbeiten hatte, wurden Holztüren, Holzfenster und anderes hergestellt. Zu dieser Arbeit war eine Unmenge von orthodoxen Juden eingeteilt. Die waren derart fromm, daß sie weder die tägliche Suppe, noch das Stückchen Wurst, noch das Stückchen Margarine, das man in der Woche bekommen hat, konsumiert haben, weil es gegen die religiösen Gesetze verstößt, nicht koscher Zubereitetes zu sich zu nehmen. Sie haben das alles gegen ein Stück Brot getauscht. Aber das war nicht alles, was sie in ihrer Frömmigkeit getan haben. Sie haben das Kunststück zusammengebracht, sich im Lager einen Gebetsmantel, Gebetsriemen und ein Gebetbuch zu verschaffen. Und immer wieder verschwand einer hinter den Brettern und hat gebetet und überreichte es dem nächsten. Das hat mir maßlos imponiert. Ich habe einen ungeheuren Respekt vor ihnen bekommen.

Im Lager der Frauen gab es auch unerhörte Taten, zum Beispiel von Frauen, die in einer Munitionsfabrik arbeiteten. Die Frauen hatten ungeschnittene Nägel, und unter den Nägeln haben sie Pulver untergebracht. Dieses Pulver haben sie monatelang von der Arbeit ins Lager getragen, gesammelt und der Widerstandsorganisation übergeben. Mit dem Pulver dieser Heldinnen wurden beim Aufstandsversuch eines Sonderkommandos ein Krematorium und eine Gaskammer gesprengt.

Es wird auch die Frage auftauchen: „Wie bist du mit dem Leben davongekommen?" Eines Tages bin ich zur Arbeit gegangen und da war eine Selektion. Ich stand plötzlich in einer Hundertgruppe, fürs Gas bestimmt. Da kam der Arbeitsleiter des Lagers vorbei und hat gerufen: „Wer von euch ist ein Graphiker?"

Sechs waren wir, die die Hand gehoben haben. Wir wurden aussortiert, und da haben wir gewußt: Wir kommen nicht ins Gas. Ich hatte eine Prüfung zu bestehen und wurde bestimmt, in einem Arbeitskommando außerhalb des Lagers Statistiken zu zeichnen. In Wirklichkeit aber bestand die Hauptarbeit darin, für die SS sogenannte Julkarten, also Weihnachtskarten, zu zeichnen. Somit hatte ich eine Sitzgelegenheit und das war schon ein ungeheurer Vorteil. Ich habe 36 Kilo gewogen, war ein sogenannter Muselmann, also einer, der vollkommen abgemagert war, ausgehungert und natürlich sehr schlecht angezogen.

In diesem Kommando waren drei Frauen, eine, die Judith, die Frau von Hofrat Dürmayer, lebt jetzt in Wien. Die hat mir in Auschwitz einen Pullover geschenkt! Den zog ich unter dem Häftlingsgewand an, es war November 1944 und schon sehr kalt. Der Pullover, den mir Judith geschenkt hat, war wieder eine Lebensrettung! Ich nahm Verbindung zu ihrem Mann, der Lagerältester war, auf, und er sagte, er werde mich unter seine Fittiche nehmen. Er gehörte der Widerstandsbewegung im Lager an.

Wenn ich aus dem Lager zur Arbeit ging, hatte ich eine Schreibmaschine mitzutragen und am Abend wieder zurückzubringen. Nach der Befreiung erfuhr ich, daß ich für den Widerstand eine unerhörte Arbeit geleistet habe. In der Schreibmaschine waren in der Früh Nachrichten für die Partisanen eingebaut und am Abend Nachrichten von den Partisanen für die Widerstandsbewegung.

So ging es bis zum 18. Januar 1945, da hieß es: „Das Lager wird evakuiert." Die Rote Armee war schon sehr nahe, die SS hatte zuerst die Polen aus dem Lager weggebracht und begann nun mit der Evakuierung. Von der Lagerwiderstandsleitung war der Auftrag gegeben worden, die Evakuierung zu befolgen, weil die SS beabsichtigte, das Lager zu sprengen. Wir haben das natürlich akzeptiert, und noch am 18. haben wir die ersten Toten gesehen, die sofort erschossen worden waren, weil sie zu wenig Kraft hatten, weiter zu marschieren. Da wurde die Parole von der Widerstandsorganisation geändert und uns gesagt, wir sollten tun, was wir für richtig hielten.

Wir waren sieben Kameraden, die wir uns im Kohlenkeller des Blocks, wo ich gewohnt habe, untergebracht haben. Darin sind wir bis zum 27. Januar geblieben. An diesem Tag haben wir von draußen ein Schreien und ein Weinen gehört, wußten nicht, wird jetzt das Lager gesprengt oder was sonst los war. In dem Kammerl, in dem wir uns versteckt hielten, war eine kleine mit Kohle verdeckte Luke. Ich habe die Kohle mit den Händen weggeschaufelt, um zu sehen, was los war und lag in den Armen von drei Sowjetsoldaten und war befreit!

Ich will aber noch mehr über den Widerstandskampf im Lager erzählen. Es war eine ungeheure Organisation und so etwas aufzubauen, war schwer zu bewerkstelligen. Es durften immer nur drei Leute voneinander wissen, und einer hatte die Verbindung zu anderen dreien. Die Leitung der Organisation hatten Österreicher: Hermann Langbein, Burger, Friemel, Wessely, Heinz Dürmayer, Haas und noch ein paar andere. Von den Polen war der spätere Ministerpräsident Polens, Cyrankiewicz, in der Leitung.

Die drei, Burger, Friemel und Wessely, waren von der Widerstandsorganisation bestimmt, aus dem Lager hinausgebracht zu werden. Aus diesem Grund wurden Verhandlungen mit einem SS-Mann, der für „sicher" gehalten wurde, aufgenommen. Er sollte sie in einem Lkw aus dem Lager zu den Partisanen bringen. Der

SS-Mann hat unsere drei Kameraden und zwei Polen verraten.

Am 30. Dezember 1944 im Beisein sämtlicher Häftlinge, die habt acht stehen mußten, wurden die drei Österreicher und die zwei Polen gehenkt. Die drei Österreicher haben in ihrem letzten Augenblick an ihre Heimat gedacht. Sie haben gerufen: „Nieder mit dem Faschismus! Es lebe ein freies, unabhängiges Österreich!" Damit möchte ich meine Ausführungen schließen und mich verbeugen vor diesen Helden.

Noch zum Lagerleben: Wurde bei den Häftlingen ein Unterschied gemacht zwischen Jude und Nichtjude, zwischen Widerstandskämpfer und Nichtwiderstandskämpfer?

Suss: Im Prinzip, ja. Aber praktisch waren die Konsequenzen nicht immer ausführbar, denn von hinten hat der SS-Mann nicht gewußt, ob es sich um einen jüdischen, politischen oder asozialen Häftling gehandelt hat. Wenn ein SSler auf einen Häftling einen Zorn hatte, hat er ihn erschießen können, egal ob er diese Unterschiede gesehen und zur Kenntnis genommen hat oder nicht.

Anni: Wir zwei hatten an unserer Häftlingskleidung einen roten Winkel angenäht, der das Kennzeichen für Politische Häftlinge war. Wenn ein SS-Mann gerade Lust hatte, konnte er auf einen von hinten oder von vorne schießen. Es hat uns überhaupt nichts geschützt.

Ich will da noch etwas fragen: Hat man als politischer Häftling vielleicht mehr Essen bekommen oder sonst Vorteile gehabt?

Anni: Nein, nein, war alles gleich.

Suss: Zuerst gab es unter den Häftlingen, die Funktionäre waren, viele Asoziale und Verbrecher. Funktionäre waren die Blockältesten, der Lagerälteste, der Lagerälteste-Ersatz, der Blockschreiber und andere. Ein Blockältester zum Beispiel war bevorzugt. Er hatte im Block ein Zimmerl und war für die Verteilung des Brotes zuständig. War der Blockälteste ein Asozialer, dann hat er sich von der Brotration der anderen Häftlinge ein Stückerl abschneiden können. So hatte er ein größeres Stück, aber gewaltigen Unterschied hat es keinen gegeben. Es hat viel mehr die Ellenbogentechnik gezählt. – Auschwitz war vor allem ein Konzentrationslager für Juden. Die jüdischen Häftlinge, die haben, wenn sie die Selektion beim Eingang ins Lager überlebt hatten, nur ein paar Monate durchgehalten.

Als wir von den Sowjets befreit wurden, waren nur die Kranken im Lager übriggeblieben. Wir waren sehr wenige, die wir uns versteckt hatten, und die dadurch am Leben geblieben sind. Das Hauptkontingent an Überlebenden kam aus Birkenau zu uns ins Stammlager. Viele waren schon so schwach, daß sie trotz der Hilfe, die die Sowjetarmee gebracht hat, nicht überlebt haben. Die Sowjets haben sofort Ärzte gebracht, sie haben sieben verschiedene Menüs gemacht, sie haben Blutkonserven zur Verfügung gestellt. Sie haben versucht zu retten, wie sie nur konnten. Aber ein Großteil war schon zu schwach. Dann gab es Häftlinge, die so voll Lebensgier waren, daß sie sich auf die Lebensmittel, die auf den großen Lagerplätzen zurückgeblieben sind, stürzten. Die haben sich zu Tode gegessen, leider.

Gab es für die Häftlinge irgendeine medizinische Betreuung während der Zeit, als Sie im Lager waren, oder waren die Leute den Krankheiten ausgeliefert?

Suss: Oh ja, es gab medizinische Betreuung. Aber die Kranken waren trotzdem alle ausgeliefert, und gerade diejenigen, die in den sogenannten Krankenbau kamen, am meisten. Die, die fähig waren zu arbeiten, konnten manchmal, zum Beispiel dadurch, daß sie versuchten, nicht aufzufallen, daß sie trachteten, nie einem SSler in die Augen zu schauen, irgendwie ihre Lebensdauer verlängern. Aber die, die sich im Krankenbau befanden, waren den SS-Ärzten, die zur Kontrolle gekommen sind, ausgeliefert und vor allem den Ärzten, die zur sogenannten Selektionsgarde gehört haben. Die gingen in den Krankenbau und haben ihn „gesäubert", so nannten sie das.

Anni: Ich habe dabei zuschauen müssen. Ich war einige Zeit im Krankenblock. Da kam der berüchtigte Mengele. Er ging durch den Krankenblock und hat nur gedeutet. Das bedeutete: Die, die er ausgesucht hatte, gingen ins Gas. Ich habe da zum Beispiel Griechinnen gesehen, die von Griechenland nach Auschwitz Wochen unterwegs waren. Ihr müßt euch das vorstellen: Da sind die Deutschen schon gelaufen, waren schon am Rückzug, aber sie hatten noch immer Transportmittel, um Häftlinge nach Auschwitz zu deportieren. Diese Griechinnen waren Skelette, lebendige Skelette! Sie haben gelebt. Ich habe zugeschaut, wie sie lebend, als wären sie Tote, auf Lastwagen hinaufgeworfen wurden.

Ich habe eine Selektion in meiner Baracke mitgemacht. Wir mußten alle – das war Ende Oktober, Anfang November – splitternackt an Mengele vorbeigehen, und wenn er eine schwach gefunden hatte, hat er sie so wie einen Hasen beim Genick gepackt und hat sie gegen die Wand geworfen. Die kamen alle ins Gas. Die anderen, die wir an ihm vorbeigekommen sind, mußten sich nackt vor einem Desinfektionsraum aufstellen. Wir haben gewußt, daß die Gaskammern und die Duschräume ähnlich aussahen. Wir wurden in diese Kammer hineingeführt und haben nicht gewußt, kommt jetzt Gas oder kommt Wasser. Es ist Wasser gekommen. Als wir hinauskamen, wurden uns andere Häftlingsuniformen zugeworfen, die wir anziehen mußten. Dann hat es geheißen: „Antreten!", und wir wurden in Viehwaggons verladen.

Wir waren zwei Tage und zwei Nächte unterwegs, kamen wieder in finsterer Nacht an, stiegen aus, wußten nicht, wo wir sind, und mußten ein Stück zu Fuß gehen. Schließlich kamen wir in ein relativ kleines Lager, „wir", das waren tausend Frauen. Die anderen vier Österreicherinnen waren nicht mehr am Leben, mit mir war nur mehr die deutsche Kameradin. Das Lager war offenkundig ganz neu. Es gab die gleichen Stockpritschen wie in Birkenau. Morgens wurden wir zur Arbeit eingeteilt. Ich kam am ersten Tag zum Kohlenschippen. Den nächsten Tag wurde ich beim Straßenbau eingesetzt, und ich sah, wo wir waren: Uns umgaben herrliche Wälder. Ich erblickte einen Wegweiser, auf dem stand: „12 Km Zittau/10 Km Reichenberg". Also wußte ich, daß wir im Sudetengebiet waren.

Am nächsten Tag wurde ich zu einer Waffenfabrik eingeteilt, und von da an hatte ich an einer Stahlsäge zu arbeiten und habe erfahren, daß wir an der Erzeugung von V2 mitarbeiten mußten. V2 waren Raketen, die besonders nach England abgeschossen wurden. Ich hatte zwölf Stunden bei der Stahlsäge zu stehen. Es gab eine Portion Suppe und ein Stück Brot am Tag. Für uns existierte keine Waschmöglichkeit! Der einzige „Fortschritt": Es gab Klosetts. Ich war vollkommen ohne Schutz, ich habe jetzt noch Späne unter der Haut.

Ich wollte da natürlich nicht mittun, habe mir die Maschine genau angeschaut und sie kaputt gemacht. Daraufhin wurde sie von drei SSlern genau untersucht. Ich war sehr stolz darauf, daß sie nicht entdeckt haben, wo ich die Maschine kaputt gemacht habe! Jetzt wurde ich frech: „Meine Herrn, ich bin von Beruf Technikerin, österreichische Technikerin. Ich kann auch eine schwerere, genauere Arbeit machen."

Diese Deppen haben mich wirklich zu einer Präzisionsmaschine gesetzt. Also konnte ich jetzt zwölf Stunden am Tag sitzen. Als Widerstandskämpferin in Frankreich hatte ich genaue Anleitungen bekommen, wie man sabotiert, aber ich hatte nicht die Hilfsmittel zur Verfügung. Statt dessen habe ich viel Ausschuß gemacht, was mir erhebliche Schwierigkeiten bei der SS einbrachte. Aber ich hab's trotzdem gemacht!

Wir wurden immer nur im Finstern geführt, den Weg vom Lager zur Fabrik in stockfinsterer Nacht, begleitet von SS-Leuten mit Hunden, SS-Weibern, und am Schluß ging ein SS-Mann mit einem kleinen Laternderl, das wegen Fliegergefahr blau angestrichen war. Wir hatten Holzpantinen, waren ohne Unterwäsche und es war schon Mitte November. Nachts hörten wir deutsche Frauen schreien: „Ihr Schweine, ihr dreckigen! Für euch werden wir einmal die Rechnung bezahlen!" – Sie meinten die SS.

Auf unserem Marsch haben wir manchmal irgendetwas gespürt. Mit Glück erwischte man vielleicht einen Apfel, den uns die Bevölkerung zugeworfen hat. Die meisten der Gaben sind im Finstern in den Schneematsch gefallen. Wir hörten auch Männerstimmen. Sie waren von russischen Kriegsgefangenen, die unterdessen schon erfahren hatten, daß wir halbnackt waren. Sie warfen uns einige ihrer Kleidungsstücke zu. Meine Kameradin und ich haben jede einen Schal erwischt, den wir uns über den Kopf banden, denn es war sehr kalt!

Es gab die verschiedensten Vorkommnisse: Zum Beispiel hatten Französinnen in einer Abteilung, in der auch deutsche Arbeiter waren, mit giftigen Substanzen zu tun. Die deutschen Arbeiter bekamen täglich einen Liter Milch, die Häftlinge nicht. Die deutschen Arbeiter sind in Streik getreten und haben gesagt, sie arbeiten nicht weiter, wenn die Häftlinge nicht auch Milch bekommen. Und die Häftlinge haben ab nun täglich einen viertel Liter Milch bekommen.

Oder: Eine der Aufseherinnen wollte uns helfen. Eines Tages hat sie entsetzlich auf uns losgebrüllt: „Ihr Schweine, ihr laßt ja die Maschinen verkommen! Ihr putzt ja die Maschinen gar nicht! Ich habe da Stoffreste mitgebracht! Da habt ihr Stoffreste, damit ihr die Maschinen putzen könnt!" Die Frau hat ganz genau gewußt, daß wir uns daraus Wickelgamaschen machen würden. Es gab auch menschliche Äußerungen.

Meine deutsche Kameradin mußte fünf Maschinen betreuen und dabei ihre nackten Oberarme in ein Ersatzmaschinenöl halten. Da wir uns nicht waschen durften, hat sich ein Film auf ihren Armen gebildet, und mit der Zeit sind Furunkeln entstanden und sie ist fiebrig gewesen. Das war die letzte Kameradin, die noch geblieben war! Ich habe ihr immer wieder gesagt: „Teddy, auf unseren Kartothekskarten steht, daß wir Politische sind! Den Deutschen geht es schlecht!" – Wir haben genau gewußt, wo die „Frontbegradigungen" waren. – „Erschießen werden sie uns auf jeden Fall. Riskieren wir's? Versuchen wir, zu flüchten?"

Wir beschlossen, am nächsten Morgen zu flüchten und haben noch kaputt gemacht, was wir nur konnten. Wir machten aus, daß wir, da wir ja immer nur nachts geführt wurden, stehen bleiben werden. Wenn sich der Zug entfernt und die Hunde nicht anschlagen, ist es gut. Wenn man uns erwischt, sagen wir, die Holzpantinen sind im Schnee stecken geblieben und wir haben sie gesucht.

Wir blieben stehen, konnten einander nicht sehen. Wir wußten nicht, was mit der anderen los war. Der Zug hat sich langsam entfernt, plötzlich habe ich gehört: „Anni, bist du da?" Und wir sind gemeinsam in die entgegengesetzte Richtung gelaufen, an einem kleinen Bahnhof vorbei, an dem wir erkannten, daß der Ort „Kratzau" hieß. Wir liefen in einen Wald, haben uns mit Reisig zugedeckt, damit man uns nicht gleich sieht, und haben den ganzen Tag dort verbringen müssen, vom Morgengrauen an, bis es wieder finster war. Wir hatten ein einziges Stück Brot, und dieses Stück Brot hielten wir kostbar in der Hand. Das haben wir auch schon im Lager praktiziert. Hunger hatten wir auf jeden Fall. Aber wir haben gesagt: Wenn wir ein Stück Brot in der Hand haben, dann haben wir das Gefühl: Ich habe ja noch ein Stück Brot! Und das gibt einem Stärke. Also haben wir dieses Stück Brot gehalten – wie eine Kostbarkeit. Wir hörten Hunde bellen. Wir wußten nicht: Gilt es uns, werden wir gesucht oder nicht.

Als es finster geworden war, sind wir weiter marschiert und haben auf der total schwarzen Landstraße plötzlich französische Männerstimmen gehört, sind auf sie losgestürzt und haben gefragt: „Wer seid ihr?", und sie haben geantwortet: „Wir sind französische Kriegsgefangene." Darauf haben wir gesagt: „Wir sind aus einem KZ geflüchtet, könnt ihr uns

helfen?" Da haben wir gehört: „Ja, wir helfen euch."
Und sie brachten uns auf einen Heuboden. Das war
ein so unbeschreiblicher Duft, ich kann euch das gar
nicht schildern! Es war so herrlich, aus diesem Dreck,
aus diesem Elend heraus, im Heu zu sein! Die
französischen Kriegsgefangenen gaben uns Brot und
versprachen: „Morgen kommen wir und bringen euch
ein Frühstück."

Wir haben uns im Heu eingegraben und unsere
Beschäftigung war, uns auszumalen, was sie uns zum
Frühstück bringen würden. Das war maßlos aufregend! Es war aber auch aufregend: Werden die
dichthalten? Wir haben ja die Leute nicht einmal
gesehen gehabt. Werden die nicht schwatzen? Dann
sind wir vor Erschöpfung eingeschlafen.

In der Früh standen zwei Franzosen vor uns und
sind zurückgeprallt, als sie uns sahen. Sie sagten:
„Um Gottes willen, so, wie ihr ausseht, könnt ihr
doch überhaupt nicht unter Menschen! Ihr werdet
hier bleiben und wir werden für euch etwas organisieren. Wir müssen jetzt zur Arbeit." Die waren so
entsetzt, wie sie uns gesehen haben! Meine Freundin
war übersät mit Furunkeln, wir hatten beide die
Kiefer vollkommen blutig – eine Art Skorbut sicher.

Es hat sich etwas später herausgestellt, daß die
französischen Kriegsgefangenen tagsüber bei Bäue-
rinnen, deren Männer an der Front waren, Landar-
beiten zu machen hatten und abends um 8 Uhr beim
Zählappell im Kriegsgefangenenlager zurück sein
mußten. Zu Mittag brachten sie uns ein herrliches
Mittagessen und Zigaretten, und am Abend brachten
sie uns ein Nachtmahl und noch einmal Zigaretten.
Und wir haben geschlafen, geschlafen und wieder
geschlafen! Wir waren so müde. Am nächsten Tag
brachten sie uns 30 Mark. Sie haben im französischen

Kriegsgefangenenlager ihren Kameraden ganz offen gesagt, daß sie zwei KZlerinnen versteckten. Sie haben sicher geschildert, wie grauenhaft wir aussahen. Und sie sammelten unter ihren Kameraden die 30 Mark für uns.

Für uns haben sie bei der Bäuerin, bei der sie arbeiteten, Kleidung und Schuhe gestohlen. So wurden wir mit Schnürschuhen und langen Bauernkleidern ausgestattet. Um die nackten Schädel wickelten wir die russischen Schals. Dann haben sie zu uns gesagt: „Nachts um halb drei hält ein Zug. Ihr müßt auf dem Bahnhof sein, sodaß ihr noch Zeit habt, die Station zu wählen, wo ihr hinfahren wollt, die Karte zu nehmen und ihr müßt sofort einsteigen, denn es gibt Kontrollen." Sie haben uns den Weg zum Bahnhof genau geschildert. Wir fragten: „Wie sollen wir wissen, wann es halb drei Uhr ist? Wir haben doch keine Uhr und es ist schon um vier Uhr Nachmittag stockfinster." Da hat der eine Kriegsgefangene seine Uhr – das war ein Vermögen für ihn – heruntergenommen, hat sie hingelegt und gesagt: „Da habt ihr die Uhr. Laßt sie dann hier liegen." So war damals das Vertrauen unter den Menschen, unter manchen Menschen. Wir ließen selbstverständlich die Uhr liegen und waren pünktlich am Bahnhof.

Wir waren junge Frauen, aber im Zugsabteil ist ein Soldat ein bißchen zur Seite gerückt, um mir Platz zu machen, und sagte: „Na, komm mal her Muttchen, setz dich neben mich." Da habe ich eine Vorstellung gehabt, wie ich ausschauen muß. – Wir hatten ja keinen Spiegel. Wir fuhren bis Dresden, wo meine Kameradin mit einer Bäckerin befreundet war. Als sie uns sah, war sie entsetzt. Sie hat die Hände vor den Kopf geschlagen und gesagt: „Ich schäme mich, daß ich eine Deutsche bin!" Sie bewirtete uns mit Kaffee und Kuchen und sagte: „Im Hausflur nebenan liegt ein Briefumschlag. Den holt euch und dann geht, bitte, gleich weg." In dem Briefumschlag waren 300 Mark. Auf der Straße sahen wir, daß alle Geschäfte leer waren, daß es nichts zu kaufen gab.

Unser nächstes Ziel war die sächsische Schweiz, wo meine deutsche Freundin in einem evangelischen Internat ihre Schulzeit verbracht hatte. Das evangelische Fräulein, das uns öffnete und dem wir uns vorstellten, hat gesagt: „Ja, ja, kommt nur herein. Hier seid ihr richtig. Der Hitler ist ja der Antichrist." Die evangelischen Fräulein haben uns freundlich aufgenommen. Sie haben uns miternährt, haben uns baden lassen, haben uns vollkommen neu eingekleidet. Sie richteten uns einen „Ausgebombtenkoffer" ein. Sie brachten uns bei, wie wir uns verhalten sollten. Unsere Geschichte, die sie für uns erfanden, lautete, daß wir ausgebombt waren, daß wir dorthin wollten, wo unsere Kinder evakuiert sind. Sie sagten uns viel, was wir nicht wußten, zum Beispiel: „Ihr dürft nie weiter als 100 Km fahren, sonst braucht ihr eine Spezialerlaubnis."

Wir folgten ihren Instruktionen und sind in zehn Tagen quer durch Deutschland bis nach Radolfzell gekommen. Dort ging ich zum Stationsvorsteher und sagte betont österreichisch: „Hean S', wie kommen wir denn da aufs Schloß?" Wir wußten von den evangelischen Fräulein, daß sich an der Schweizer Grenze ein Schloß mit evakuierten Kindern befand. Der Stationsvorsteher schaute mich merkwürdig an und sagte: „Ja, da brauchen Sie aber einen Ausweis mit Lichtbild." Ich antwortete: „Ja, den hab' ich ja." Nun marschierten wir zu Fuß weiter, kamen aufs Schloß, und im Morgengrauen sind wir einem Schweizer Zöllner um den Hals gefallen! Wir waren

178

die ersten Auschwitzerinnen, die in der Schweiz authentisch über Auschwitz erzählen konnten.

Hat man außerhalb von Auschwitz Bescheid gewußt über die Zustände im Lager?

Anni: Es sind Nachrichten von der Widerstandsbewegung in Auschwitz zu den polnischen Partisanen gelangt. Die polnischen Partisanen haben sie nach England gefunkt und sie gelangten weiter nach Amerika. Aber die Alliierten haben die Nachrichten von den Massenermordungen nicht geglaubt. So sind sie auch dem Ersuchen der Widerstandsbewegung von Auschwitz nicht nachgekommen, die Krematorien und Gaskammern zu bombardieren. Wir wären ja viel lieber bombardiert worden, als so weiter zu leben.

Als meine deutsche Kameradin und ich im November 1944 in der Schweiz ankamen, hat man uns angesehen, daß wir aus irgendetwas Furchtbarem kamen. – Wir waren ohne Haare, wir waren Skelette. Aber: „Selektion? Was ist eine Selektion? Gaskammern? Deutsche sollen Gaskammern installiert haben? Das sind doch Deutsche, die sind doch nicht von irgendwo!" Wir haben immer „kleiner" und „kleiner" berichtet, weil wir merkten: Es glaubt uns niemand. Das war wie eine Mauer. Es kam jemand vom Internationalen Roten Kreuz zu mir, ein österreichischer Adeliger, und fragte: „Gnä' Frau, ist das wirklich wahr mit den Gaskammern?" Ich hab' ihn angepfaucht: „Hören Sie, davon hat der Thomas Mann in Amerika schon im 43er Jahr gesprochen und Sie vom Roten Kreuz, Sie wissen das nicht?" Die Menschen haben das ganz einfach nicht fassen können! Es gibt heute noch die Möglichkeit, Bücher über die sogenannte Auschwitzlüge herauszugeben. Es gibt immer noch Menschen, die sagen, das ist alles nicht wahr.

Ich muß euch das alles mitteilen, weil ich eine alte Frau bin und weil ihr junge Menschen seid und weil ich möcht', daß euch ein solches Schicksal erspart bleibt. Wir alle – alle Parteien und alle Menschen, die in dieser Zeit gelebt haben – haben einen entscheidenden Fehler gemacht: Wir haben, nachdem der Krieg vorbei war, die deutsche Bevölkerung und die österreichische Bevölkerung nicht aufgeklärt, daß sie den Krieg gewonnen haben. Den Krieg verloren hat der Hitler und die Nationalsozialistische Partei. Die Völker haben diesen Krieg nicht verloren, die haben ihn ja auch nicht gewollt.

Wieso war das ein Fehler?

Anni: Es gab damals 700.000 registrierte Nazis, und um jeden von ihnen hat sich jede Partei gerissen, damit sie seine Stimme kriegt. Bei der zweiten Wahl waren sie schon wahlberechtigt. Das ist ein politisches Wissen, das ihr euch aneignen müßt, damit ihr eure Situation verstehen könnt! Ihr müßt lernen, über das, was Leute sagen, nachzudenken. Zum Beispiel: Was bedeutet es, wenn jemand sagt, daß die vier Alliierten so böse waren, weil sie zehn Jahre in Österreich geblieben sind? Für uns waren die Siegermächte Freunde, denn sie haben unser Land befreit.

Haben Sie während der Zeit in Auschwitz voneinander gewußt?

Suss: Erst als ich im Arbeitseinsatz gearbeitet habe, habe ich Einblick in die Kartothek gehabt. Da habe ich erfahren, daß meine Frau nach Kratzau aufs Kommando gekommen ist. Aber mehr habe ich nicht gewußt.

Ich hätte noch eine Frage: Wie haben Sie Ihren Mann wieder gefunden?

180

Anni: Wir hatten schon lange, bevor wir verhaftet worden waren, eine Deckadresse vorbereitet, die eines Franzosen, eines unserer Trauzeugen in Paris. Wir hatten ausgemacht, daß wir uns bei ihm treffen würden, wenn einer von uns verschwinden sollte. Wir konnten ja nicht wissen, wie die Verhaftung dann tatsächlich vor sich ging.

Ich war schon längst in Paris, als mich einen Tag nach dem Waffenstillstand unser Trauzeuge anrief und sagte: „Anni, ich habe ein Telegramm! Es steht drauf: 'Meine Rückkehr steht unmittelbar bevor. Suss'". Und dann kam mein Mann in Marseille an.

Was passierte mit den Widerstandskämpfern nach dem Krieg? Wie war da die Situation? Es sind ja doch einige zurückgekommen.

Anni: Ja, wir sind gleich im 45er Jahr nach Österreich zurückgekehrt. Wir suchten, wo wir einmal Verwandte hatten und haben niemanden mehr gefunden. Eigentlich hat niemand gewußt, was er mit uns anfangen soll.

Haben Sie bei Ihren Sabotageakten an den Maschinen an die Folgen gedacht? Sie waren doch mit dem Tod konfrontiert! Oder haben Sie nur daran gedacht, das Naziregime zu schädigen?

Anni: Wir haben natürlich nicht viel Zeit zum Nachdenken gehabt. Wir haben auf jeden Fall gegen das Naziregime kämpfen wollen, das war die Hauptsache. Natürlich haben wir gelegentlich miteinander besprochen, was geschieht, wenn... Und wir sind immer zu dem Schluß gekommen: Unter allen Umständen schweigen! Wenn wir auspacken, dann erschießen sie uns sofort. Daß wir den Tod riskierten, haben wir natürlich gewußt. Jeder Widerstandskämpfer hat das gewußt – solange er in Freiheit und in der sogenannten

Freiheit mit falschen Papieren war oder dann im Lager. Das hat man gewußt. Ich meine, nicht daß wir gerade an Todessehnsucht gelitten hätten, wir wollten gerne überleben.

Das ist das Merkwürdige am Menschen: Es gibt zwei Triebe, die unausrottbar sind. – Das sind der Sexualtrieb und der Selbsterhaltungstrieb. Der Sexualtrieb war in Auschwitz gleich Null. Der Selbsterhaltungstrieb, der war, glaube ich, die fürchterlichste Erfahrung, die jeder einzelne gemacht hat, daß er – wenn er noch so bereit war, für andere zu sterben – mit jeder Faser am Leben gehangen ist. Ich war ehrlich bereit, für andere zu sterben, aber im zutiefst Inneren will jeder Mensch leben.

Haben Sie noch Kontakt, zum Beispiel mit denen, die Ihnen damals geholfen haben?

Anni: Nein, leider! Wir kennen zum Beispiel nicht die Namen der zwei französischen Kriegsgefangenen, die uns ihre Uhr liegen ließen, haben nie erfahren, wer sie waren. Die vier Frauen, die mich im Gefängnis adoptiert haben, habe ich nie gesehen, weiß nicht, wer sie waren, leider. Aber die, die man gekannt hat, die sehen wir natürlich regelmäßig.

Ich hoffe es sehr, ich wünsche es euch, daß ihr nie mit solchen Situationen konfrontiert werdet! Aber denkt ja nicht, daß die Neutralität Österreichs euch vor allen Gefahren schützen könnte. Ihr selbst müßt euch schützen! Ihr selbst könnt gar nicht früh genug beginnen, über alles und genau Rechenschaft zu verlangen. Ihr seid in einer Demokratie. Macht's den Mund auf und red's! Sagt's, was euch nicht paßt, erkämpft euch, was ihr wollt! Das ist das Entscheidende, das ist der Vorzug der Demokratie!

Hilde Zimmermann

Sich die Menschenwürde nicht nehmen lassen

Euer Lehrer hat mich gebeten, euch über meine Erlebnisse im Frauenkonzentrationslager Ravensbrück und über die Zeit davor zu erzählen. Immer, wenn ich in eine Klasse gehe, versetze ich mich in die Zeit, als ich so jung war, wie die Schüler vor mir sind. Als ich 14 Jahre alt war, 1934, wurde die Demokratie in Österreich zerschlagen. Schon 1933 wurde die Kommunistische Partei verboten, dann der Republikanische Schutzbund, nach dem Feber 1934 die Sozialdemokratische Partei und die freien Gewerkschaften. Wer sich trotz dem Verbot betätigte und erwischt wurde, wurde bestraft. Es herrschte Faschismus in Österreich, nicht der deutsche, sondern der Österreichische.

Ich gehörte zu einer Gruppe Jugendlicher, die sich gegen die faschistische Diktatur in Österreich wehrte. Wir fabrizierten und verteilten Flugblätter für die Demokratie und gegen den Faschismus. Mit 15 Jahren wurde ich zum ersten Mal – es war auf einem Ausflug – verhaftet. Mit 16 verhaftete man mich wieder, aber diesmal behielt man mich acht Tage lang im Gefängnis. Mein „Delikt“: Ich habe politisch oppositionelle Flugblätter verteilt, das heißt, sie in Briefkästen gesteckt, unter Wohnungstüren durchgeschoben, heimlich, in der Hoffnung, unentdeckt zu bleiben. Das war im Ständestaat verboten!

Wir, die wir in der Sozialistischen Partei aufgewachsen sind, verfolgten das politische Leben sehr genau und der erste große Schock für uns war, als Hitler 1933 in Deutschland an die Macht kam. Wir wußten: Hitler bedeutet Krieg! Und wir hatten eine Ahnung, was Krieg bedeutet, da wir die Folgen des Ersten Weltkrieges – es waren ja erst 15 Jahre vergangen – immer noch deutlich erlebten. Es war uns völlig unverständlich, daß wieder Krieg sein sollte, und wir empfanden es als unsere Pflicht, uns dagegen zu wehren, wie uns auch vollkommen klar war, daß wir uns gegen die Abschaffung der Demokratie in Österreich und gegen das Verbot der Sozialdemokratischen Partei wehren mußten. Sie war unsere Hoffnung, daß die soziale Situation besser werden würde. Es herrschte eine große Arbeitslosigkeit und es gab arge soziale Schranken.

Ich besuchte genau so wie ihr eine Berufsschule, aber ohne jegliche Aussicht, irgendeine Arbeit zu kriegen, obwohl ich jede angenommen hätte, mir keine zu schlecht gewesen wäre. Ich versuchte alles nur Mögliche. Es war aussichtslos! Es war nichts da, nichts! Ganz kurze Zeit arbeitete ich als Bedienerin um fünf Schilling im Monat. Die Stelle war im 12. Bezirk und ich wohnte in Kagran. Das ist eine Entfernung, zu weit zu gehen. Aber die Straßenbahn jeden Tag kostete mehr, als die fünf Schilling, die ich verdiente. Der Ausweg war, daß ich zu meiner Großmutter zog, deren Wohnung näher lag.

Ein Beispiel für die sozialen Schranken: Ich war schon in der Schule sehr gut im Zeichnen, und meine Lehrerin hat oft gesagt: „Geh, mach was aus dir! Benütz dein Talent." Ich meldete mich bei der Berufsberatung an. Die Referentin vergewisserte sich: „Dein Vater ist arbeitslos." und urteilte dann: „No, deine Begabung ist nicht so großartig! Du mußt etwas anderes machen." Meine Kusine ist gleich alt, trägt denselben Namen und ging auch zur Berufsberatung.

Sie kam zur selben Referentin und wurde gefragt: „Was ist dein Vater?" „Akademischer Maler" antwortete sie und erklärte, daß sie Verkäuferin in einem Delikatessengeschäft werden möchte. Der Kommentar der Referentin war: „Aber das kommt überhaupt nicht in Frage! Du mußt doch auf den Beruf deines Vaters Rücksicht nehmen!" Das nur als Beispiel für die sozialen Unterschiede damals.

Warum hat Hitler Krieg bedeutet?

Die Nazis hatten es ja selbst angekündigt! Ihre Parole war: „Mehr Lebensraum". Deutschland war ihnen zu klein. „Volk ohne Raum" war auch so eine Parole. Sie kündigten an, daß sie die Kornkammer im Osten, die Ukraine, brauchen und in Rumänien die Ölfelder und möglichst viele billige Arbeitskräfte. Es war doch zu erwarten, daß sich die Völker ihre Länder nicht ohne Gegenwehr wegnehmen ließen!

Wie war der Einmarsch der Deutschen in Österreich?

Ich habe den Einmarsch nicht in Wien erlebt. Ich war damals als Kindermädchen in Ungarn, bis ich als Deutsche – denn man war nun kein Österreicher mehr – Ende 1938 ausgewiesen wurde. Als ich die Nachricht vom Einmarsch erhielt, dachte ich: „Um Gottes willen! Es fließt Blut! Die Menschen wehren sich. Das lassen wir uns doch nicht gefallen!" Aber Österreich wehrte sich nicht! Darüber war ich so schockiert, daß mir alles aussichtslos vorkam. Ich glaube, in Österreich war der Schrecken über die deutschen Truppen so groß und die Hoffnung auf Arbeit so intensiv, daß im ersten Moment alle gelähmt waren.

Eine Tante schrieb mir sinngemäß nach Ungarn: „Wenn wir endlich Arbeit kriegen, dann ist das alles vielleicht eh nicht so schlecht. Und Arbeit hat er uns ja versprochen." Nach meiner Ausweisung aus Ungarn lebte ich in Wien. Da merkte ich: Alle die politisch führenden Männer waren weg, alle Oppositionellen, die Führer des Ständestaates eingeschlossen. Die erste Deportationswelle aus Österreich nach Dachau hatte ja schon am 1. April 1938 stattgefunden. Einige Bekannte waren verschwunden und andere verschwanden von einem Tag auf den anderen. Einer unserer engen Freunde, der Sohn eines Straßenbahners, war weg; die Leute vom kleinen Textilgeschäft am Eck abtransportiert; alle Juden sukzessive weg. Es ist also bei uns das geschehen, was vorher schon in Deutschland geschehen war und worüber jeder Bescheid wußte. Es herrschte rundherum Angst. Es gab keine freien Zeitungen mehr, keine ausländischen Zeitungen, man durfte nur die Naziradiosender hören. Alles war plötzlich reglementiert und sehr eng.

Haben die Leute, haben die Österreicher vom KZ Dachau gewußt?

Das KZ Dachau gab es ja schon seit 1933 und auch die Gestapo. Wir in Österreich hatten zwar seit 1934 eine faschistische Diktatur, es war zum Beispiel die Arbeiterzeitung verboten, aber dennoch konnte jeder bei uns in den Zeitungen über die Ereignisse in Deutschland lesen. Außerdem war es in Österreich möglich, ausländische Zeitungen zu kaufen. Auch jenen, die die Augen verschlossen hatten, die nichts wissen wollten, waren die Zustände in Deutschland bekannt. Es gab ein Wort, das für jeden mit Angst verbunden war: „Dachau". Man wußte, wer nicht gefügig ist, wer nicht folgt oder wer jüdisch ist, kommt nach Dachau und dort ist es ganz arg. Man wußte vielleich nicht genau, wie es dort zugeht, aber sehr wohl, daß es schrecklich

186

zugeht. Daher wurden viele Menschen nach der Okkupation Österreichs ganz brav und ganz still.

Der Ständestaat und das Dritte Reich waren doch beides Diktaturen und trotzdem nicht gleich?

Am besten zeigt folgendes den Unterschied: Im Ständestaat waren wir, weil wir Flugblätter verteilt hatten, acht Tage eingesperrt und durften wieder nach Hause gehen. 1939 war einer unserer Freunde, der ein Flugblatt gemacht hatte, ein Jahr lang eingesperrt. Dann, nach seinem 18. Geburtstag, wurde er zum Tod verurteilt und hingerichtet.

Wenn die Nazis so etwas Schlimmes waren, hat man sich da nicht so gefürchtet, daß man bei allem mitgemacht hat? Hat nicht jeder mitmachen müssen?

Es war faktisch nicht möglich, öffentlich, etwa in einem Kaffeehaus, zu sagen, daß das Regime verbrecherisch ist. Das Spitzelwesen war weit verbreitet. Man mußte mißtrauisch sein. Eine unvorsichtige kritische Äußerung und man wurde sofort verhaftet. Aber es gab unzählige Möglichkeiten, jemandem zu helfen, indem man ihm Essen gab, durch ein gutes Wort. Niemand mußte denunzieren. Keiner mußte plündern und stehlen. Es gab auch tatsächlich viele Menschen, die sich anständig verhalten haben.

Mußte jeder den Naziorganisationen, der Hitlerjugend oder etwas Ähnlichem beitreten?

Es waren unter der Hitlerjugend auch solche, zu denen die Eltern gesagt hatten: „Tritt bei, damit du deine Ruhe hast." Die Hitlerjugend war für die Buben, der BDM für die Mädchen und für die älteren weiblichen Jugendlichen die Vereinigung „Glaube und Schönheit".

Man lud mich zum Beispiel einmal vor und sagte: „Sie studieren doch, da sollten Sie zum Nationalsozialismus positiv stehen und das auch ausdrücken, indem sie ‚Glaube und Schönheit‘ beitreten.“ Nun, ich hab’ mich herausgeredet. Ich gab vor, keine Zeit zu haben. Andere haben sich nicht herausgeredet und haben eben zugestimmt. Aber deshalb mußten sie noch nicht begeistert gewesen sein, wenngleich es sehr viele gab, die begeistert waren, aber das waren sicher nicht alle.

Wie hat sich das eigentlich mit den Juden bemerkbar gemacht? Hat das auf einmal angefangen oder war es schleichend?

Es hat sofort begonnen. Nur, diese erste Periode habe ich, wie gesagt, nicht erlebt, weil ich da noch nicht in Wien war. Aber meine Mutter hat mir viel erzählt. Folgendes hat sich gleich zu Beginn in Floridsdorf abgespielt: Meine Mutter sieht an einem Geschäft ein großes Plakat, auf dem stand: „Ein Deutscher kauft nicht bei einem Juden ein!“ oder so etwas ganz Ähnliches. Es war ein Auflauf von Nazis, auch SA war dabei. Meine Mutter ging demonstrativ in diese Feitlerei, so hat man damals zu einem Zubehörgeschäft gesagt, und verlangte: „Ich brauch’ einen Zwirn.“ Die Frau sagt darauf: „Um Gottes willen! Ich bitt’ Sie, gehen Sie weg von da!“ Kurz darauf hat man den Leuten Tafeln umgehängt: „Dieses Schwein kauft bei einem Juden ein.“ Diese Frau, die Besitzerin des Geschäftes, meinte es also sehr gut mit meiner Mutter und hat sie bei der Hintertür des Geschäftes hinausbugsiert.

Es war auch gleich zu Beginn, daß die Menschen aus ihren Wohnungen hinaus mußten. Juden mußten ihre Wohnungen verlassen und wurden dann in anderen Wohnungen, alle im 2. Bezirk, zusammengepfercht. Jeder, der Lust auf eine Wohnung hatte, hat geschaut, daß er eine kriegt und das ging ziemlich einfach: „Was, der Jud' hat noch die Wohnung! Raus mit ihm!" Und schon sind sie gekommen und haben die Leute hinausgeprügelt.

Das war psychologisch sehr wichtig. Man erreichte damit zweierlei: Man hat die Menschen mitschuldig gemacht, indem sie ihren Nachbarn ein bißchen Habe weggenommen oder sich in seine Wohnung gesetzt haben und zugeschaut haben, wie der die Straße hat putzen müssen oder Ähnliches. Das zweite war: „Wenn du jetzt nicht schön brav bist, geht es dir so wie dem!" Man hat die Menschen durch das schlechte Gewissen verpflichtet und ihnen zugleich auch Angst gemacht: „Tust du nicht mit, dann gehörst du zu den anderen, zu den Untermenschen!"

Die Juden müssen doch irgendwie bemerkt haben, daß es jetzt bald aus ist. Die können doch nicht so blind durch die Welt gehen! Warum sind die nicht weg?

Einige sind ja weg, andere wollten weg und hatten kein Geld und andere konnten oder wollten erst später weg. Aber dann war es schon zu spät, weil die Nazis sie nicht mehr wegließen. Man brauchte ein Einreisevisum in ein anderes Land und eine Ausreiseerlaubnis aus Deutschland. Aber es kommt noch etwas ganz anderes dazu: Ich kannte ein Ehepaar, von dem ich jetzt beispielsweise erzähle, denn solche gab es sehr viele. Der Mann war während des Ersten Weltkrieges Soldat, war ein patriotischer Österreicher. Dann hatte er ein kleines Geschäft und erzeugte Schokolade. Er hat immer seine Steuern gezahlt, ist nie mit dem Gesetz in Konflikt geraten, hat seine Kinder lernen lassen und hat immer geschaut, daß alles in Ordnung ist. Er hat keinem Menschen etwas Böses getan, er hat kein schlechtes Gewissen gehabt, warum soll er weg? Das geht in den Kopf eines anständigen Menschen gar nicht hinein! – Und schon gar nicht in den eines älteren Menschen!

Was ist jetzt mit den Sachen, die man den Juden weggenommen hat? Was ist mit den Wohnungen, aus denen man sie hinausgeschmissen hat?

Meistens besitzen die Sachen immer noch die, die sie geraubt haben und in den Wohnungen sitzen meistens immer noch die, die sie den Juden weggenommen haben, beziehungsweise ihre Kinder oder auch schon Enkelkinder. Wieso? Es sind ja die meisten Juden umgebracht worden. Das schlechte Gewissen war ein guter Verbündeter der Nazis und ist auch heute noch ein guter Verbündeter.

Was haben Sie gegen die Nazis gemacht, daß Sie in ein KZ kamen?

Wir, das heißt die Gruppe, von der ich schon vorhin gesprochen habe, dachten: Irgendetwas muß man tun! Also haben wir Flugblätter gegen die Nazis geschrieben und sie verteilt. Eines Tages wurden wir alle der Reihe nach verhaftet, zur Gestapo gebracht und verhört. Das war im Jahr 1939. Ich war 19, meine Freundin 16 oder 17. Ich selbst blieb acht Tage eingesperrt, ich konnte mich noch irgendwie rausreden. Wir hatten uns einmal in der Woche in der Wohnung meiner Mutter getroffen, und als auch sie zur Gestapo mußte und damit konfrontiert wurde, rechtfertigte sie uns und sich: „Aber das sind ja junge Leute, die kein Geld haben, um in ein Lokal zu gehen, um tanzen zu gehen. So haben halt die Kinder ihre Freunde mitgebracht." Mein Bruder war neun Monate eingesperrt und ein anderer, ein Bursch von 17 Jahren, war solange eingesperrt, bis er sein 18. Lebensjahr vollendet hatte, dann wurde er zum Tod verurteilt und geköpft. Zwei weitere Mitglieder unserer Gruppe wurden in ein KZ deportiert und sind dort umgekommen.

Wie wußte die Gestapo, wer aller bei Ihrer Gruppe war?

Es herrschte überall Spitzelwesen und Denunziantentum. Es gab zum Beispiel in jedem Haus einen Blockwart. Der kannte den Beruf, wußte, wer zu Besuch kam, ob man Mitglied der Nationalsozialistischen Partei war, was man sonst macht. Der Blockwart war faktisch ein Hausmeister, aber einer, vor dem man sich fürchten mußte, der einen überwachte und der, wenn er Anzeige erstattete, bewirken konnte, daß man verhaftet wurde.

Jetzt aber weiter zu der Frage, warum ich ins KZ gekommen bin: Ich mußte bei meiner Entlassung von der Gestapo unterschreiben, daß ich nichts gegen den Staat unternehmen werde. Ich war also bekannt und zu gefährdet, um weiterhin etwas gegen das Regime zu machen und hätte jeden anderen auch gefährdet. Unsere persönliche Lebenssituation hatte sich vor meiner Verhaftung verbessert. Ich besuchte die Akademie und studierte Bildhauerei. Meine Mutter hatte ihren Posten als Bedienerin aufgeben können und war als Stenotypistin bei Gericht. Als ich eingesperrt wurde, hat man sie bei Gericht sofort hinausgeschmissen, aber durch die Hilfe ihrer Kollegen vom Gericht wurde sie von einem Notar aufgenommen. Jeden Mittwoch kamen zu diesem Notar, einer Vorladung folgend, Angehörige von Hingerichteten.

So erfuhr ich über meine Mutter von all den schreckliche Dingen. Ich versuchte immer wieder in persönlichen Gesprächen, auch in Gesprächen mit Soldaten, mein Wissen weiterzugeben und auf das

Unrecht hinzuweisen. Meinen Freund, der damals Soldat war, wollte ich dazu bringen, daß er untertaucht, aber er sagte: „Ich kann doch meine Kameraden nicht im Stich lassen." Er verstand nicht, daß er, wenn er untergetaucht wäre und nicht mehr gekämpft hätte, den Krieg verkürzt und dadurch auch seine Freunde gerettet hätte.

Das sagt sich heute leicht, doch war die Angst um die Angehörigen und die Folgen für sie mit entscheidend. Um das Klima zu vermitteln: An den Häuserwänden waren Plakate mit den Namen derer, die hingerichtet wurden, angeschlagen. Eine ehemalige Schulkollegin erzählte mir: „Unseren Gaskassier haben sie geköpft, weil er für die Frau und die Kinder von jemandem, der eingesperrt war, ein paar Mark gesammelt hat, damit sie überleben können."

Wenn man ständig mit solchen Ungeheuerlichkeiten konfrontiert ist, bleibt einem irgendwann nichts anderes übrig, als sich zu denken: „Ich muß dagegen tun, was nur möglich ist!" Beim Schifahren kam mir einmal vor, daß ein Bursch Andeutungen machte, daß er ein aktiver Anti-Nazi ist. Man durfte zunächst nur in Andeutungen reden, durfte nie wagen, etwas offen auszusprechen. Wir tasteten uns näher heran und eines Tages sagte ich zu ihm: „Ich möchte gern etwas tun." Er hatte gleich eine Aufgabe für meine Freundin und mich: „Wir haben einen Fallschirmspringer versteckt und brauchen für ihn ein neues Quartier." Meine Freundin und ich setzten unseren Müttern sehr zu, denn wir hatten ja keine eigenen Wohnungen. Letztlich brachten wir sie so weit, daß sie einwilligten.

Wir hatten den Fallschirmspringer zwei Monate lang in der Wohnung meiner Freundin und in unserer Wohnung versteckt. Seine Aufgabe war, für die Engländer die Stimmung in der Bevölkerung zu erkunden.

Er war vorher schon bei vielen anderen Leuten versteckt gewesen, und wie sich herausstellen sollte, hatte die Gestapo einen Spitzel auf ihn angesetzt, der seinen ganzen Weg verfolgt hat.

Eines Nachts schrien vor unserer Tür Männer: „Luftschutzpolizei! Aufmachen!" Wir gingen schlaftrunken zur Tür, öffneten und da stürzten sich Männer in Ledermänteln auf meinen Bruder, der gerade da war, und auf „meinen" Fallschirmspringer. Sie brüllten uns an: „Anziehen! Mitkommen!" und haben uns zur Gestapo gebracht. Da sahen wir viele Kameraden, die zu unserer Gruppe gehörten. Ich hatte ein mildes Verhör, denn die Gestapo brauchte aus mir nichts mehr herauszupressen. – Sie wußte schon alles. Ich kam auf die Elisabethpromenade, nicht aber mein Bruder. Er, als Soldat, wurde in das Militärgefängnis überstellt und dort zu 10 Jahren verurteilt, abzusitzen nach Kriegsende. Für die Zeit bis zum Kriegsende wurde er der Gestapo überstellt und in das Konzentrationslager Buchenwald deportiert.

Also, die Zeit im Konzentrationslager wurde nicht auf die Länge der Strafe angerechnet?

Nein. Die meisten im KZ waren überhaupt mit einem Schutzhaftbefehl dort. Unter diesem Deckmantel war die Gestapo „berechtigt", jeden Menschen zu verhaften und einzusperren – ohne Untersuchungsrichter und ohne, was sonst ein Rechtsstaat an Schutz für den einzelnen vor Willkür hat. Feindbegünstigung war das „Delikt", das ich begangen haben sollte. Aber die Alliierten waren doch nicht unsere Feinde! Sie waren unsere Freunde! Sie waren es ja, die dann tatsächlich unsere Freiheit und Demokratie möglich gemacht haben. Wenn mehr mitgemacht hätten, dann wäre das Regime früher zusammengebrochen und es hätten nicht so viele zugrunde gehen müssen. Mein Bruder wurde nach Buchenwald deportiert, meine Mutter und ich nach Ravensbrück. Ich will jetzt nicht alles erzählen. Eine furchtbare Erniedrigung folgte der anderen.

Wie war das für Sie, als Sie ins Lager gekommen sind? Haben Sie schon vorher davon gewußt?

Es passierte ja, daß Häftlinge vom Lager zurück ins Gefängnis kamen. So erfuhr man einiges, wußte man: Dort ist es furchtbar. Einmal sagte ein Gestapo-Mann zu mir: „No, wenn Sie Glück haben, kommen Sie ins KZ und kriegen keine Verhandlung, weil das wäre das Todesurteil." So hab' ich zwischen den zwei „Glükken" halt hin und her gebangt, wie es mich ereilen wird.

Als wir ins Lager kamen, war die erste Vorbereitung, daß wir einen Tag und eine Nacht lang stehen mußten – an einer Mauer, hinter der der Leichenkeller war. Meine Mutter hat immer wieder gesagt: „Das überleb' ich nicht. Das überleb' ich nicht." Vor uns fuhren vierrädrige Wagerln vorbei, von ausgemergelten Frauen gezogen, die so elend ausschauten, daß wir völlig entsetzt waren. In den Wagerln waren lauter Leichen übereinandergeworfen, fast nur mehr Gerippe mit aufgedunsenen Beinen, furchtbar. Meine Mutter hat immer wieder gesagt: „Schau! Schau! Das überleben wir nicht."

Am nächsten Tag bekam jede eine Nummer. Ab jetzt hatte man keinen Namen mehr, man war nur mehr eine Nummer. Dann mußten wir uns nackt ausziehen und es wurde uns überall hingeschaut, ob wir Läuse hätten. Nun hieß es: „In die Dusche." Meine erste panische Angst war: Jetzt komme ich in die Gaskammer. Aber ich sah, daß im Duschraum SS-Männer standen und die nackten Frauen mit

Knüppeln aus der Dusche trieben. Ich kann das nicht erzählen, man hat geglaubt, man ist in einer anderen Welt. Da habe ich mir das eine vorgenommen: Ich werde mir nicht meine Menschenwürde nehmen lassen!

Schließlich wurden wir in einen Block getrieben und es hieß: „Sucht euch ein Bett." Aber aus allen Stockbetten schauten Köpfe und Füße eng geschlichtet heraus, denn in ihnen lag man aus Platzmangel Kopf an Fuß und Fuß an Kopf. Plötzlich wurde das Licht ausgelöscht und wir blieben die Nacht naß und frierend am Boden im Tagraum sitzen. Meine erste Reaktion war: Nein, das will ich nicht! Soll es aus sein! – Die Situation war unvorstellbar. Die Klos waren ohne Türen und übergegangen. Man mußte im Kot waten und dreckig ins Bett, aber bei den Füßen hatte die Nachbarin ihr Gesicht.

Irgendwann wurden ein paar Eßschüsseln für uns ausgegeben. Es waren bei weitem nicht genug und man begann, sich um sie zu raufen. Man setzte sich, nachdem man sich um das sogenannte Essen angestellt hatte, auf den Boden. Der Wind wehte Erde und Mist in die Schüsseln. Da hab' ich mir gedacht: „Nein, das nicht!" Ich setzte mich in irgendeinen Winkel und weinte. Da kam eine junge, blonde Französin und sagte zu mir: „Wir werden uns von der SS nicht unterkriegen lassen! Den Gefallen machen wir ihnen nicht, das wollen sie ja." und hat mir gut zugeredet und hat mich wieder in die Höhe gebracht. Das war Solidarität. Ich erlebte sie immer wieder. Aber 92.000 Frauen hat die Solidarität auch nicht gerettet. Die sind trotz ihr gestorben.

Was hat man zu Essen gekriegt?

In der Früh braunes Wasser, das hat man Kaffee

genannt, zu Mittag Steckrübensuppe und am Abend ein Stück Brot und eventuell Margarine. Das war sehr, sehr wenig.

Was war, wenn man sich gemeldet hat und gesagt hat: „Ich hab' noch Hunger"?

Man hat nicht mehr gekriegt. Zwei Häftlinge mußten die Suppe in einer großen Kanne aus der Lagerküche holen und jeder wurde eine Kelle voll in das Reindl gefüllt. Es ist so gut wie nie etwas übergeblieben für einen Nachschlag.

Hat man sich an das grausliche Essen gewöhnt?

Gewöhnt? Also ich wußte: Wenn ich überleben will, esse ich das und denke möglichst nicht daran, was los ist. Das nackte Überleben war so wichtig, daß es mir gleich war, ob es Steckrüben oder Erdäpfelschalen gab. Schließlich wurde ich zu einer Arbeit eingeteilt und zum Glück zu einer guten Arbeit. Ich kam in einen sauberen Block, wo ich mit anderen zusammen die Kartei zu führen hatte, in der die Neuankömmlinge und die Toten verzeichnet wurden. Ich mußte nicht die Straßenwalze ziehen oder Moor stechen. Das waren Arbeiten, bei denen die Überlebenschance ganz, ganz gering war und die Lebenserwartung sehr, sehr kurz.

Dadurch, daß wir beim Schreiben der Karteikarten mit einer SS-Aufseherin in einem Raum gesessen sind, hat die darauf geschaut, daß wir keine Läuse haben, sonst hätte sie ja auch Typhus kriegen können. Wir hatten sogar Betten, in denen wir zu zweit oder zu dritt schliefen, nicht wie die anderen, die zu elft in einem Dreierbett schlafen mußten. Ich hatte dort ein Bett, in dem vorher eine Wienerin war, die am Abend, zu der Zeit, als man den Block überhaupt nicht mehr verlassen durfte, kurz hinausging. Da kam ein SS-Mann und schlug ihr eine Eisenstange über den Kopf. Sie ist daran gestorben.

Das hat er ganz einfach machen können?

Einfach so. Das konnte jeder SS-Mann machen! Er wurde nicht zur Rechenschaft gezogen.

Was ist mit Kindern passiert, wenn Vater und Mutter verhaftet wurden? Sind die auch ins Lager gekommen?

Die österreichischen und deutschen Kinder kamen in Heime, wo man sie zu „wertvollen" Mitgliedern der Gesellschaft erziehen wollte. Bei uns in Ravensbrück gab es einen eigenen Block für Frauen mit Kindern, da waren hauptsächlich Polinnen und Zigeunerinnen. In diesem Zusammenhang kam es zu entsetzlichen Handlungen der Aufseher. Davon will ich nur eine Episode erzählen: 1944 zu Weihnachten gestattet der Lagerführer den Frauen, für die ungefähr 400 anwesenden Kinder eine Feier zu gestalten. Wir machten unser Bestes: Aus Fetzen bastelten wir Spielzeug. Am Heiligen Abend hielt der Lagerführer eine Ansprache an die Kinder, in der er versprach, daß alles besser werden würde. Nach 14 oder sogar schon acht Tagen wurden diese 400 Kinder alle ins Gas geschickt.

Hat es nur Männer als Aufseher gegeben?

Ganz und gar nicht, im Gegenteil: mehr Frauen als Männer.

Waren die Frauen auch grausam?

Auch die waren grausam. Sie hatten einen Hund und eine Peitsche. Ich erinnere mich, einmal stand eine alte Frau Strafe und da sie so müde war, lehnte sie sich an die Wand. Die Aufseherin nahm einen Kübel eiskaltes Wasser und schüttete ihr das Wasser von oben bis unten drüber und befahl: „So du, jetzt stehst du!" Es hatte 20 Grad unter Null.

Ein anderes Mal hörte ich, ohne es zu wollen, das Gespräch zweier Aufseherinnen, beide jung, Mädeln eigentlich. Sie waren vorher in einer Munitionsfabrik dienstverpflichtet. Das bedeutete, daß sie sich die Arbeit nicht aussuchen konnten. Die Munitionsfabrik hat Arbeiterinnen gebraucht und diese beiden und sicher auch noch andere sind dorthin dienstverpflichtet worden. Dann kamen Werber und fragten: „Wollt Ihr es nicht leichter haben? Ihr könnt Aufseherin in einem Gefängnis werden!" – Früher war das ja kein unanständiger Beruf. Die beiden Mädeln haben sich gemeldet. Sie sind also in das Ganze hineingerutscht und haben bei diesen Grausamkeiten wahrscheinlich nicht mitgetan, an denen sich sehr viele beteiligt haben.

Wozu haben die einen Hund gehabt?

Zur Bewachung. Viele SS-Frauen haben Hunde bei sich gehabt, auf Häftlinge dressierte Hunde. Bei Außenkommandos war immer ein Hund dabei, daß keiner wegrennen konnte.

War Strafestehen die ärgste Strafe?

Es gab sehr, sehr viele Strafarten. Eine der härtesten Martern war, wenn eine Frau mit entblößtem Gesäß über einen Bock gelegt und angeschnallt wurde. Sie erhielt 25 Schläge mit einem speziellen Lederriemen. Ein Arzt stand dabei und fühlte den Puls, damit die Frau es überlebte. Die Haut ist meist in Fetzen heruntergehangen und das Gesäß war eine einzige blutige Masse. Unter den dortigen hygienischen Verhältnissen hat das oft zum Tod geführt.

Hat es in Ravensbrück auch Vergasungen gegeben?

Ja, im Jahr 1944 wurde neben dem Krematorium eine Gaskammer gebaut. In Auschwitz hat es Vergasungen schon viel früher gegeben.

War diese Gaskammer mitten im Lager?

Nein, die war etwas außerhalb des eigentlichen Lagers.

Wie haben Sie dann überhaupt gewußt, daß es das gibt?

Ich kann mich an einen Tag noch ganz genau erinnern, als die SS die Krankenblocks räumte. Sie kamen mit Lastwagen und schupften die Leute einfach hinauf und fuhren ab. Wir mußten alle vor unserem Block antreten und hörten furchtbares Geschrei, Schießen und Prügel und die Lastautos fuhren an uns vorbei. Es war schnell klar, was passiert, wenn die da hinausgeführt wurden und nach einer halben Stunde brannte der Kamin und hörte nicht auf. Wir mußten den ganzen Tag stehen und dieses verbrannte Fleisch und die verbrannten Knochen einatmen. Wir hatten den Beweis in der Nase und in den Lungen.

Hat da nicht jemand einen Fluchtversuch gemacht?

Wenn zum Beispiel eine Frau, die für das Gas bestimmt war, versuchte, vom Wagen hinunterzuspringen oder wegzulaufen, dann hatte sie ja keinerlei Chance, denn sie war von der SS mit ihren Hunden umstellt. Die SS erschlug diese Frau auf der Stelle.

Waren Sie völlig isoliert oder hatten Sie eine Ahnung, was draußen vor sich ging?

Die SS trachtete, uns völlig zu isolieren, aber es gab

unter uns viele Bibelforscherinnen, die in den Wohnungen der SS aufräumten. Da ist es passiert, daß sie hin und wieder einen Blick in eine liegengebliebene Zeitung werfen oder aus einem Radio etwas aufschnappen konnten. So sind Nachrichten auch zu uns gekommen.

Haben die Gefangenen zusammengehalten?

Es gab eine große Solidarität zwischen den Gefangenen, natürlich besonders zwischen denen, die sich miteinander verständigen konnten. Also, der Zusammenhalt war vor allem innerhalb der Sprachgruppen, doch gab es viel menschliche Wärme und Hilfsbereitschaft von Frau zu Frau trotz mancher Verständigungsschwierigkeiten. Kurz nachdem ich eingeliefert worden war, wurden wir von zwei Häftlingen gefragt, ob es bei unserem Transport auch Österreicher gibt. Ich meldete mich und sie gaben mir einen Teller Suppe. Es wurde sogar eine internationale Lagerwiderstandsgruppe gegründet, die besonders zum Schluß eine ganz spektakuläre Aktion unternehmen konnte.

Drei österreichische Frauen waren aus Auschwitz nach Ravensbrück gekommen, mit der schriftlichen Bemerkung, daß sie das Lager nicht lebend verlassen sollten. Häftlinge, die im Büro arbeiteten, hatten das gelesen, und als dann der Befehl kam, daß die drei sich melden sollten, war klar, daß man sie jetzt umbringen wollte. Es war schon gegen Ende des Krieges und die internationale Lagerwiderstandsgruppe setzte alles daran, die Frauen zu retten. Sie wurden zunächst tagelang unter Fellen in einer Fellkiste versteckt, und das gesamte Lager mußte immer wieder am Appellplatz Strafe stehen, weil sie nicht zu finden waren. Die drei Kameradinnen aus Auschwitz hatten eintätowierte Nummern, die ihnen von einer polnischen und einer tschechischen Ärztin – sie waren auch Häftlinge – herausgeschnitten wurden. Sie bekamen eine neue Identität, die Identität verstorbener Kameradinnen und so haben sie überlebt. Die Häftlinge haben sich gewehrt, besonders die politischen Häftlinge. Die sind ja mit dem Bewußtsein dort gewesen: Die SSler wollen uns umbringen, und wir wollen überleben. Wir haben an nachher, an die Zukunft geglaubt, und haben eben alles versucht, gegenseitig zu helfen und zu überleben. Widerstand nützt! Widerstand nützt sogar im KZ.

Sind Frauen geflohen, und hat man keinen Aufstand versucht?

Immer wieder versuchte jemand die Flucht, aber meistens wurden sie erwischt und dann wurden sie zu Tode geprügelt. Einen Aufstand kann man mit hungrigen, ausgemergelten, unterernährten Frauen, die blutende Füße haben, nicht unternehmen. Da fehlt die Kraft. Für Deutsche und Österreicher war die Hemmung noch größer, denn wer flüchtete und nicht erwischt wurde, der mußte damit rechnen, daß die Mutter oder die Schwester oder sonst ein Verwandter geholt, gefoltert und ins KZ geworfen wird.

Ich erinnere mich, einmal versuchte ein junges Mädel zu flüchten. Wir alle mußten am Appellplatz nach der Arbeit ohne Essen lange stehen, bis man sie gefunden hatte. Vor uns hetzte die SS die Hunde auf das junge Mädel, vor uns wurde sie von den Hunden zerrissen! – Und dann, selbst wenn wir alle zusammen einen Aufstand organisiert hätten, wo hätten wir hin sollen? Vielleicht wäre das ein Fanal gewesen, hätten sie irgendwo im Ausland gehört, da haben sich jetzt 40.000 Frauen der SS vor die Gewehre geworfen. Da wären wir den Heldentod gestorben. Aber ich weiß nicht, wie weit das gedrungen wäre, denn wenn bei uns der Kamin geraucht hat und man Menschen verbrannt hat, haben sie es in Fürstenberg gerochen, aber sie haben alle nichts gewußt! Es war also nicht so, daß man mit Hilfe rechnen konnte.

Sind alle aus demselben Grund ins Lager gekommen, weil sie wie Sie etwas gegen das Regime gemacht haben?

Nein, es gab die verschiedensten Gründe. Ein häufiger Grund war, daß eine Frau angezeigt wurde, daß sie mit einem sogenannten Fremdarbeiter ein Verhältnis hatte, was streng verboten war. Fremdarbeiter waren Ausländer, die für die Nazis Zwangsarbeit leisten mußten. Also, wenn da ein junges, deutsches oder österreichisches Mädel auf einem Bauernhof einem Fremdarbeiter vielleicht einmal zugelächelt hat, oder wenn sie sich ineinander wirklich verliebt haben, dann kam sie schon ins KZ.

Oder, eine alte Frau hatte von ihrem Sohn an der Front schon lange nichts gehört und als sie dann hungrige russische Kriegsgefangene sah, dachte sie an ihren Sohn und fürchtete, daß er vielleicht auch in Gefangenschaft ist. Sie steckte einem gefangenen Russen ein Stück Brot zu und hoffte, daß ihr Sohn in Rußland auch eine Mutter finden würde, die ihrem Kind ein Stück Brot gibt. Die Frau kam wegen des Brotes nach Ravensbrück. Ich mußte zusehen, wie ein SS-Mann auf dieser Frau mit seinen Stiefeln herumtrampelte, nur weil sie einmal gestolpert war.

Eines möchte ich besonders, daß ihr wißt: Die KZs waren nicht nur dazu da, Menschen zu beseitigen und Angst und Schrecken zu verbreiten, sondern sie wurden mit Fortschreiten des Krieges zunehmend zu riesigen wirtschaftlichen Anstalten. Die Nazis fanden, daß es unrentabel sei, „Menschenreserven" unausgewertet in die Gaskammern zu schicken. Sie sollten vor

202

ihrem Tod noch für die Kriegsmaschinerie ihrer Mörder arbeiten. Die SS hat folgende Rentabilitätsrechnung über das Leben eines Menschen angestellt: „Täglicher Verleihlohn durchschnittlich RM 6,–" Hier muß ich zur Erklärung einfügen: Das war das „Entgelt", das die Fabriken für die Arbeit der Häftlinge zahlten. Die Berechnung geht so weiter: „abzüglich Ernährung RM –,60, durchschnittliche Lebensdauer 9 Mt. = 270 × RM 5,30 = RM 1431,–, abzüglich Bekl. Amort. RM –,10. Erlös aus rationeller Verwertung der Leiche: 1. Zahngold, 2. Kleidung, 3. Wertsachen, 4. Geld, abzüglich Verbrennungskosten RM 2,–, durchschnittlicher Nettogewinn RM 200,–, Gesamtgewinn nach 9 Monaten RM 1631,–, zuzüglich Erlös aus Knochen und Aschenverwertung."

Wie sind Sie aus dem Lager herausgekommen?

Am 27. oder 28. April 1945 wurde das Lager evakuiert, die SS hat alle zusammengetrieben und einen riesigen Zug formiert. Meine Mutter, eine Freundin und ich hatten beschlossen zu fliehen und schon diverse Kleider vorbereitet. Wir sind dann tatsächlich geflohen und es gelang. Wir haben später gehört, daß Kameradinnen, die bei einer anderen Gelegenheit auch fliehen wollten, von der SS erwischt wurden, und die hat, obwohl für sie schon alles verloren war, noch 30 Frauen erschossen. Wir versteckten uns, vergruben uns drei Tage im Wald und waren zwischen den Fronten, bis dann die Russen vormarschiert waren.

War es nicht gefährlich zwischen den Fronten?

Die gesamte Lagerzeit war gefährlich. Eine Stunde bei der SS war gefährlicher, als die Tage zwischen den Fronten. Sie haben über uns drübergeschossen, aber wir waren frei, der Tod wäre unser eigener gewesen.

Haben Sie nach dem allen überhaupt wieder arbeiten können?

Ich war 25, als ich zurückkam. Mit dem, was ich erlebt hatte, konnte ich einfach nicht mehr als Bildhauerin schöne Figuren machen. Das ging nicht mehr! Ich arbeitete in einem Büro, später heiratete ich und jetzt habe ich eine Familie.

Kann man nach all dem das Leben überhaupt noch genießen?

Als wir 1945 nach Hause kamen, blieb ich bei der Universität stehen. Ich war barfuß und streichelte mit meinen Fußsohlen den Boden. Ich hatte das Gefühl: Jetzt beginnt mein neues Leben. Jetzt bin ich noch einmal geboren. – Das ist etwas anderes als genießen, man empfindet das wie ein Geschenk.

Aber wenn man eingezogen worden ist, ist einem ja nichts anderes übriggeblieben als einzurücken, sonst wäre man umgebracht worden.

Darüber will ich gar nicht reden. Schaut, die Wohnungen und die Habe vieler, vieler tausender Juden und anderer Menschen, die verhaftet und deportiert wurden, sind einfach gestohlen worden. Und es gab genug Soldaten, die furchtbare Dinge in den besetzten Ländern aufgeführt und genug geraubt haben. Ich erinnere mich an eine Studentenversammlung noch vor meiner endgültigen Verhaftung. Die Nazi-Führerin hielt ein Referat: Warum wir den Krieg gewinnen müssen. Und sie sagte: „Wer gesehen hat wie ich, was in Polen und in der Ukraine mit den Polen, den Russen und den Juden geschieht, der sagt: ‚Wir müssen den Krieg gewinnen, sonst überleben wir ihn alle nicht!'" Damit meinte sie Raub und Verbrechen an der Zivilbevölkerung. Das hat mit eigentlichem Krieg nichts zu tun.

Während des Krieges fuhr ich einmal im Zug und hörte einen mitreisenden Soldaten aufzählen, was er alles nach Hause brachte. Es war ja Hunger im damaligen Deutschen Reich. Was man erhielt, bekam man auf Marken zugeteilt. Der Soldat hatte einen großen Schmalztopf, eine Rolle Leder und was weiß ich noch alles im Gepäcksnetz. Ich fragte ihn, woher er das alles hat. „Aus Jugoslawien, von einem Bauern." Ich fragte ihn verwundert weiter, ob der ihm das so ohne weiteres gegeben hat. Da erzählte der Soldat, daß er dem Bauern angeschafft hat, wegzugehen und ihn dann von hinten, „auf der Flucht", erschossen und sich die Sachen genommen hat. Die Nazis haben die Soldaten aufgefordert: „Wenn ihr in andere Länder kommt, nehmt, was ihr könnt." Dann hatten die Leute ein schlechtes Gewissen und das war der beste Verbündete der Nazis.

Haben Sie Haßgefühle gegen die Menschen gehabt, die Sie ins KZ rein gebracht haben?

Ich habe sie nicht gehaßt und auch kein Mitleid gehabt. Ich rede lediglich von mir. Ich kann keinen Ausdruck finden. Die sind so weit von mir entfernt gewesen als Mensch, daß ich zu denen überhaupt keine Gefühle hatte, weder Haß noch sonst etwas.

Leiden Sie heute unter Depressionen wegen der Dinge, die Sie erleben mußten? Wie hält man so viele Demütigungen aus?

Ich wußte ja, was mich erwartet. Die Nazis waren für mich die Feinde, sodaß sie auch meine Menschenwürde nicht verletzen konnten, auch wenn ich nur mehr eine Nummer war, keinen Namen mehr hatte. Für mich waren sie immer die Unterlegenen, im moralischen Sinn. Der Schwarzhuber, zum Beispiel, der die alte Frau niedergetreten hat, der kann mir meine Menschenwürde nicht nehmen. Auch wenn ich noch so dreckig und verlaust gewesen wäre, hätte der das nicht können.

Wenn wieder so etwas wäre, würden Sie sich auflehnen, obwohl Sie wissen, wie es im KZ zugeht?

Ins KZ geht man nicht freiwillig, da wird man ja verhaftet. Wir wurden verhaftet, weil wir uns gegen das Regime wehrten. Ich glaube, da würde mir heute genauso nichts anderes übrig bleiben, als gegen so ein Regime etwas zu tun, soweit halt die Kräfte reichen. Zum Neinsagen hat man immer die Kraft. Man muß andere Werte suchen, zum Beispiel, daß Heldentum nicht darin besteht, jemanden umzubringen, sondern darin, einem anderen zu helfen, auch wenn es unangenehme Konsequenzen haben kann.

Wie haben sich die Österreicher Ihnen gegenüber nach 1945 verhalten?

Nach 45 ist nicht viel über die Vergangenheit geredet worden. Viele Überlebende konnten nicht reden und die anderen wollten nichts wissen. Zum Beispiel sagten alle Bekannten, Freunde, Verwandten, meine Studienkolleginnen: „Schön, daß du wieder da bist." Aber niemand fragte, wie das im Lager war. Die Österreicher taten weiß Gott wie arm, sie hätten von den KZs nichts gewußt, das arme Österreich wäre überfallen worden, bös wären nur die Deutschen gewesen. Das, obwohl sich sehr viele Österreicher schuldig gemacht haben.

Heute können Sie aber darüber sprechen.

Es sind ja auch schon einige Jahrzehnte vergangen und heute wollen auch Menschen davon wissen, vor allem aus eurer Generation. Wir sprechen nicht zu euch, etwa weil wir Mitleid haben wollen. Ich spreche zu euch, weil ich mich im Lager verpflichtet habe: „Schau nicht weg! Die draußen sollen es wissen!" Ich hatte das Glück zu überleben und daher habe ich die Verpflichtung weiterzugeben, was ich erlebt und gesehen habe. Ich hatte als Jugendliche eine Ausstellung gesehen, die „Nie wieder Krieg" hieß. Für mich war das ein Eindruck, der mein Leben geformt hat. Meine Hoffnung ist, daß das, was ich euch erzählt habe, nicht an euch vorübergeht, daß etwas hängen bleibt. Der Grund, warum wir es auf uns nehmen, uns an diese Zeit zu erinnern und mit euch darüber zu sprechen, ist der Wunsch, daß ihr alles in eurem Leben nur Mögliche tut, daß so etwas oder so etwas Ähnliches nie wieder kommt.

Biographien

Berger Ferdinand, geb. 27. 11. 1917 in Graz. Gelernter Automechaniker. 1937 Mitglied der Internationalen Brigaden in Spanien, dann in französischen Lagern interniert. Deportation in das KZ Dachau, später in das KZ Flossenbürg. Nach 1945 Matura und fünf Semester Jusstudium. Mai 1945 Eintritt in den Polizeidienst, zuletzt Polizeirat.

Kleinmann Fritz, geb. 20. 6. 1923 in Wien. Oktober 1939 bis Oktober 1942 KZ Buchenwald, Oktober 1942 bis Jänner 1945 KZ Auschwitz, Jänner bis 5. Mai 1945 KZ Mauthausen. Berufe: Maurer, Metall-Dreher, Angestellter.

Langbein Hermann, geb. 1912 in Wien. 1938 Mitglied der Internationalen Brigaden in Spanien, dann in französischen Lagern interniert, von dort in das KZ Dachau und später, 1942, in das KZ Auschwitz überstellt, wo er zwei Jahre verbrachte und Leitungsmitglied der internationalen Widerstandsorganisation im Lager war. Nach der Befreiung Generalsekretär des Internationalen Auschwitz-Komitees, später Sekretär des „Comité International des Camps". Zahlreiche Veröffentlichungen über Konzentrationslager und Widerstand.

Lingens Ella, DDr., geb. 18. 11. 1908 in Wien. 1931 Abschluß des Jusstudiums. 1935 bis Herbst 1937 Medizinstudium in München. März 1938 Heirat mit Herrn Lingens, einem Reichsdeutschen. Oktober 1942 Verhaftung wegen „Judenbegünstigung". Vom 20. 2. 1943 bis 1. 12. 1944 KZ Auschwitz, dann Deportation in ein Nebenlager des KZs Dachau. Nach der Befreiung als Ärztin in Tbc-Heilstätten, dann in der Tbc-Fürsorge der Gemeinde Wien, zuletzt im Bundesministerium für Gesundheit und Umweltschutz. Von 1973–1986 Generalsekretärin der Sigmund-Freud-Gesellschaft. Präsidentin der Lagergemeinschaft Auschwitz.

Sussmann Anni, geb. 8. 10. 1909 in Wien. Zehnjährig Vollwaise. 1927 Gesellenprüfung als Modistin, arbeitslos. Schauspielunterricht bei Carl Götz und Karl Forest. Von 1926 – 1929 Schauspielerin bei der „Proletarierbühne" der Sozialistischen Kunststelle. 1937 Paris; Heirat. Ab 1942 in der französischen Widerstandsbewegung. Juni 1944 Verhaftung und Deportation in das KZ Auschwitz. Dort Geburt des Sohnes Samuel Georg Sussmann, am 20. 8. 1944, der, nachdem er vier Minuten das Licht der Welt erblickt hat, von Mengele ermordet wurde. 1944 Flucht in die Schweiz, 1968 Austritt aus der KPÖ. Gestorben 6. 10. 1985 in Wien.

Sussmann Heinrich, Prof., geb. 20. 11. 1904 in Tarnopol. 1925 – 1926 Akademie Grande Chaumiere, Paris; 1927 – 1928 Kunstgewerbeschule in Wien, 1929 – 1933 Karikaturist in Berlin. 1933 in Wien; im selben Jahr bis 1939 in Paris Karikaturist, Innenarchitekt, Gebrauchsgraphiker und Bühnenbildner. Ab 1942 in der französischen Widerstandsbewegung. Juni 1944 Verhaftung und Deportation in das KZ Auschwitz. Ab 1945 in Wien. 1968 Austritt aus der KPÖ. Zahlreiche Einzelausstellungen und Ausstellungsgestaltungen. Werke in Museen des In- und Auslandes, zum Beispiel Albertina, Wien; Bibliothéque Nationale, Paris; Israelmuseum, Jerusalem. Gestorben 12. 12. 1986 in Wien.

Zimmermann Hilde, geb. 1920. Im Feber 1934 wurden die Eltern als aktive Mitglieder der Sozialdemokratischen Partei verhaftet. Verhaftungen: 1935, 1936, 1939, 1944. Studium: Bildhauerei von 1941 bis zur Verhaftung März 1944. Deportation in das KZ Ravensbrück. Nach der Befreiung Arbeit an der Ausstellung über das KZ Ravensbrück und für das Museum in der Gedenkstätte Ravensbrück. Designerin.

Leopold Rettinger

Begleitwort

Es ging um die Erinnerung an den März 1938, als sich im Herbst 1977 im Unterrichtsministerium eine Gruppe von Personen zur Beratung zusammenfand. Die 40. Wiederkehr jener Tage, in denen sich die nationalsozialistische Flut über Österreich ergoß, drängte die Frage auf, was man den Schulen gerade jetzt zur Hilfestellung für ihre Unterrichtsarbeit anbieten könnte. Und die entscheidende Anregung kam aus dem Kreis jener Gesprächsteilnehmer, die selbst Opfer des Faschismus waren: Man sollte ihnen, den vom Faschismus Verfolgten, Gelegenheit geben, in die Schulen zu gehen, vor die Schüler hinzutreten und vom eigenen, leidvollen Erlebnis zu erzählen, aber auch davon, wie es möglich war, daß man trotz aller Erniedrigung den Willen zum Widerstand gegen das Unrechtsregime des Nationalsozialismus nicht aufgegeben hat. Und man sollte den Schülern die Möglichkeit geben, ihre drängenden Fragen an solche Menschen zu richten, die diese schreckliche Zeit erlebt und überlebt haben und somit Zeugen des furchtbaren Geschehens geworden sind.

Dies war die Geburtsstunde des sogenannten „Referentenvermittlungsdienstes" für Zeitgeschichte", einer Aktion, die heute aus dem österreichischen Schulleben nicht mehr wegzudenken ist. Sieben Regionalstellen in Österreich vermitteln heute den Schulen auf Wunsch Zeitzeugen und Fachleute für Zeitgeschichte zu Vorträgen und Diskussionen über das Thema „Nationalsozialismus und Neonazismus", sei es in Schulklassen, vor Schülergruppen oder in Lehrerarbeitsgemein-

211

schaften. Etwa 350 Veranstaltungen waren es im Schuljahr 1986/87, die auf diese Weise durchgeführt wurden. Im Schuljahr 1977/78 hatte man mit bescheidenen 30 begonnen.

Am Anfang mußte man sich natürlich grundsätzliche Fragen stellen: Wird die Aktion von den Schulen auch „angenommen" werden? Werden die Zeitzeugen den Belastungen, die sich für sie durch diese Aktion ergeben, auch gewachsen sein? Werden Menschen, die den Umgang mit Schülern nicht gewohnt sind, in schwierigen pädagogischen Situationen immer richtig reagieren? Alle diese Fragen haben sich mittlerweile als unberechtigte Besorgnisse erwiesen.

Die Berichte der Zeitzeugen geben ein gutes Bild vom Verlauf der Veranstaltungen. Sie zeigen klar, daß die Schüler in der Regel sehr interessiert sind, der Umfang ihres Vorwissens freilich äußerst unterschiedlich ist. Nicht selten wird eine spontane Umstellung im Stundenplan vorgenommen, um eine Veranstaltung auf Grund der vielen Schülerfragen verlängern zu können. Berichte wie dieser sind keine Seltenheit: „Reges Interesse. Diskussionen wurden noch auf dem Gang fortgesetzt. Die Schüler hätten noch viele Fragen gestellt, jedoch es fehlte die Zeit dazu."

Die Zeitzeugen haben ein menschlich ungemein anspruchsvolles Ziel vor Augen. Sie wollen mit ihren Berichten wohl bewirken, daß die Schüler ein richtiges Bild einer schrecklichen Zeit bekommen, aber sie wollen dabei nicht Haß und Rachegefühle wecken. Vielmehr sind sie von dem Wunsch beherrscht, daß ihr Einsatz mitbewirken möge, daß Faschismus niemals wiederkehre. So ist mit bescheidenen Mitteln, freilich aber hohem menschlichem Einsatz, in Österreich eine Aktion möglich geworden, die es anderswo in dieser Art nicht gibt.

Im März 1988 sind es nicht nur fünfzig Jahre, die seit jenem unseligen Jahr 1938 vergangen sind, sondern es sind auch zehn Jahre, daß der „Referentenvermittlungsdienst für Zeitgeschichte" tätig ist. Bei dieser Gelegenheit ist es wohl angebracht, all den Menschen zu danken, die sich in selbstloser Weise für diese Aktion zur Verfügung gestellt haben und immer wieder zur Verfügung stellen.

Es ist aber auch daran zu denken, daß jene, die einem gnädigen Schicksal zufolge in der Lage sind, heute noch vor den jungen Menschen ihre mahnende Stimme zu erheben, von Jahr zu Jahr weniger werden und sich daher die Frage ergibt, wie man das, was sie uns allen noch zu sagen haben, lebendig erhalten kann. Die technischen Möglichkeiten unserer Zeit erlauben es, ihre Bilder und ihre Stimmen zu konservieren, das Wort auf Papier zu bannen. Das freilich, was das Wesentliche ihres Wirkens ausmacht – die unmittelbare menschliche Begegnung –, wird leider in absehbarer Zeit nicht mehr möglich sein. Umso mehr müssen alle, deren politische Bildung durch diese Begegnung mitgeprägt wurde – und das sind nicht nur Schüler! –, die Verpflichtung erkennen, die ihnen hier erwächst: Dafür zu sorgen, daß der Geist des Widerstandes gegen den Faschismus wach bleibt.

Ministerialrat Dr. Leopold Rettinger ist Leiter der Abteilung Politische Bildung im Bundesministerium für Unterricht, Kunst und Sport.

Dank

An erster Stelle danke ich den Zeitzeugen, die ich in die Schulen begleitet habe. Leider konnte ich nicht alle in dieses Buch aufnehmen. Das Buch sollte Leser nicht durch einen zu großen Umfang abschrecken. Über vier der von mir ebenfalls begleiteten Zeitzeugen, die keine Kapitel in dieser Veröffentlichung haben, ist in den letzten Jahren ein eigenes Buch erschienen: Antonia Bruha, Ich war keine Heldin, 1984, Europa Verlag, Wien; Mali Fritz, Essig gegen den Durst, 565 Tage in Auschwitz-Birkenau, 1986, Verlag für Gesellschaftskritik, Wien; Karl Röder, Nachtwache, 10 Jahre KZ Dachau und Flossenbürg, hgg. von Franz Richard Reiter, 1985, Böhlau, Wien; Fritz Bock, Zeitzeuge, hgg. von Maria Sporrer, Herbert Steiner, 1984, Wien.

Mein Dank auch an die Historiker, die mit den Zeitzeugen in den Schulen waren, für die organisatorische Unterstützung, allen voran Herrn Dr. Gustav Spann, der dem ganzen Vorhaben seit langem herzlich verbunden ist.

Dank an Herrn Ministerialrat Dr. Leopold Rettinger und an Frau Ministerialrat Mag. Elisabeth Morawek vom Bundesministerium für Unterricht, Kunst und Sport, die dieses Forschungsvorhaben freundlich unterstützt haben.

Besonderen Dank an Herrn Dr. Franz Richard Reiter, ohne dessen Hilfe diese Arbeit nicht möglich gewesen wäre.

F. R. REITER (Hg.)

Wer war Rosa Jochmann?

Rund vierzig Autoren legen Zeugnis ab, berichten und analysieren:

Ria Apfelkammer • Marta Baranowska • Doris Bogisch • Helmut
Brenner • Antonia Bruha • Erhard Busek • Fritz Endl • Herbert
Exenberger • Hilde Fischer • Geert • Walter Göhring • Kurt Hacker
Marga Jung • Heinz Kommenda • Maria Kuhn-Wiedmaier • Erwin
Lanc • Peter Ulrich Lehner • Henry O. Leichter • Christine Ruth
Lewerenz-Weghuber • Peter Lhotzky • Rie Lips-Odinot • Rainer
Mayerhofer • Lydia Nasarowa • Lucia Nawrot • Ernst Nedwed
Frieda Nödl • Hugo Pepper • Irmgard Schmidleithner • Barbara
Serloth • Herbert Steiner • Alfred Stingl • Gerald Strobel • Alfred
Ströer • Irma Trksak • Franz Vranitzky • Hans Waschek

EPHELANT – 20,5 x 13,2, Br., 208 S.; ÖS 298, DM 41, Sfr 39 –
ISBN 3-900766-11-8

F. R. REITER (Hg.)

Wer war Viktor Matejka?

Vierzig Autoren legen Zeugnis ab, berichten und analysieren:

Evelyn Adunka • Otto Breicha • Robert Dachs • Fritz Eckhardt
Georg Eisler • Herbert Exenberger • Elisabeth Glück-Koller • Heimo
Gruber • Erich Grubhofer • Karl Hans Heinz • Fritz Herrmann
Ernst Hinterberger • Gerda Hoffer • Alfred Hrdlicka • Peter Huemer
Lotte Ingrisch • Lucia Kellner • Reinhold Knoll • Felix Kreissler
Herbert Lederer • Christian Limbeck-Lilienau • Ursula Pasterk • Wil-
helm Pellert • Alois Peter • Hermann Precht • Erwin Ringel • Edith
Rosenstrauch-Königsberg • Dieter Schrage • Hermann Schreiber • Jo-
hannes Mario Simmel • Kurt Smolar • Ludwig Soswinski Ludwig
Stecewicz • Gerald Trimmel • Willy Verkauf-Verlon • Alois Vogel
Max Weiler • Christian Werner • Hilde Zaloscer • Helmut Zilk

EPHELANT – 20,5 x 13,2, Br., 208 S.; ÖS 298, DM 45, Sfr 39 –
ISBN 3-900766-09-6

F. R. REITER (Hg.)

Wer war Erwin Ringel?

Die erste, authentische Antwort gibt Prof. Ringel in seiner Lebens-
bilanz.

Vierzig Autoren legen Zeugnis ab, berichten und analysieren:

Wilhelm Berges • Johannes Bischko • Gerhard Brandl • Erhard Busek
Monika Christian • Claus Helmut Drese • Karl Dvorak • Georg
Eisler • Michael Elizur • Elisabeth Ellersdorfer • Karl-R. Essmann
Reginald Földy • Traute Foresti • Erika von Herbst • Robert Holl
Alfred Kirchmayr • Franz Köb • Willy Kralik • Helmut Krätzl
Ulrich Kropiunigg • Paul Löwinger • Arnold Mettnitzer • Fritz
Muliar • Horst Münster • Horst Ogris • Ulrike Parnreiter • Anton
Pelinka • Peter Pelinka • Walter Pöldinger • Will Quadflieg
Angela Ringel • Peter Scheer • Rudolf Schermann • Rainer Schmidt
Peter Schramke • Hannelotte Schreiner • Heinz Sichrovsky • Gernot
Sonneck • Peter Turrini • Werner Vogt • Franz Vranitzky

EPHELANT – 20,5 x 13,2, Br., 224 S.; ÖS 298, DM 45, Sfr 39 –
ISBN 3-900766-10-X

F. R. REITER (Hg.)

Unser Kampf

In Frankreich für Österreich – Interviews mit Widerstandskämpfern

Frankreich war während der Naziherrschaft für viele Österreicher
Fluchtstation oder bleibendes Exil. Kaum bekannt ist, daß sich
Österreicher dort zu organisiertem Widerstand zusammenschlossen.
Er umfaßte u.a. die Herstellung und Verteilung von Flugblättern, Sabo-
tage, Spionage, Fälschung von Dokumenten, Kampf mit der Waffe.

Elisabeth Freundlich Warnen und Warten • Conrad H. Lester „Freies
Österreich" • Otto Habsburg Hochverrat • Anni & Heinrich Suss-
mann Geheime Préfecture • Laurence Belet Der illegale Briefkasten
Artur London Deckname • Antonie Lehr „Soldat im Westen" • Josef
Meisel Instruktor • Friederike Weizenbaum Leider ohne Waffe
Felix Kreissler Der geht ein! • Paul Jellinek Wo ist die Rue Pasteur?
Egon Kodicek Fremdarbeiter in Wien • Hans Thalberg Langer Weg
Fritz Meznik Soldat im Widerstand • Friedrich Roth Im Maquis

EPHELANT – 20,5 x 13,2, Br., 328 S.; ÖS 290, DM 46, Sfr 40 –
ISBN 3-900766-02-9